2018年
国家火炬特色产业基地
发展研究报告

科学技术部火炬高技术产业开发中心◎编著

TORCH HIGH TECHNOLOGY INDUSTRY DEVELOPMENT CENTER,
MINISTRY OF SCIENCE AND TECHNOLOGY

2018

RESEARCH REPORT ON
THE DEVELOPMENT OF

NATIONAL TORCH SPECIAL INDUSTRY BASES

经济管理出版社
ECONOMY & MANAGEMENT PUBLISHING HOUSE

U0668321

图书在版编目（CIP）数据

2018 年国家火炬特色产业基地发展研究报告/科学技术部火炬高技术产业开发中心编著 . —北京：经济管理出版社，2019. 12

ISBN 978 – 7 – 5096 – 6605 – 0

Ⅰ. ①2…　Ⅱ. ①科…　Ⅲ. ①高技术产业区—产业发展—研究报告—中国—2018　Ⅳ. ①F127. 9

中国版本图书馆 CIP 数据核字（2019）第 271154 号

组稿编辑：范美琴
责任编辑：范美琴
责任印制：黄章平
责任校对：陈晓霞

出版发行：经济管理出版社
　　　　　（北京市海淀区北蜂窝 8 号中雅大厦 A 座 11 层　100038）
网　　址：www. E – mp. com. cn
电　　话：（010）51915602
印　　刷：三河市延风印装有限公司
经　　销：新华书店
开　　本：787mm × 1092mm/16
印　　张：8. 75
字　　数：181 千字
版　　次：2019 年 12 月第 1 版　　2019 年 12 月第 1 次印刷
书　　号：ISBN 978 – 7 – 5096 – 6605 – 0
定　　价：58. 00 元

2018 年国家火炬特色产业基地发展研究报告

编委会

主　编：贾敬敦　张卫星

副主编：段俊虎

组　长：金学奇　陈思澍

成　员：（按姓氏拼音排序）

郑重声明

　　《2018 年国家火炬特色产业基地发展研究报告》是科学技术部火炬高技术产业开发中心组织有关专家，在地方科技主管部门及国家火炬特色产业基地的大力支持下，经深入调研形成的科研成果，其知识产权归属于科学技术部火炬高技术产业开发中心。

　　未经产权所有者书面授权，任何单位或个人不得以公开方式全文或部分发表本报告的内容。

编者说明

为深入贯彻落实创新驱动发展战略，推动"大众创业、万众创新"，进一步促进国家火炬特色产业基地创新发展，更好地发挥特色产业基地（以下简称"基地"）在推动区域（特别是县域）经济社会协调发展中的重要作用，根据《国家火炬特色产业基地建设管理办法》（国科火字〔2015〕163号），科学技术部火炬高技术产业开发中心组织编撰了《2018年国家火炬特色产业基地发展研究报告》。

需要特别说明的是：截至2018年底，全国共有440家特色产业基地，其中439家上报了2018年年报数据。其中，有304家为县域范围内的基地，344家为2014～2018年连续5年完整上报数据的基地，235家为2014～2018年连续5年完整上报数据的县域范围内的基地。报告中所有数据均来源于火炬统计。

本报告中所涉及的东部、中部、西部和东北地区的具体划分为：

东部地区：包括北京、天津、河北、上海、江苏、浙江、福建、山东、广东和海南10个省（直辖市）；

中部地区：包括山西、安徽、江西、河南、湖北和湖南6个省；

西部地区：包括内蒙古、广西、重庆、四川、贵州、云南、西藏、陕西、甘肃、青海、宁夏和新疆12个省（自治区、直辖市）；

东北地区：包括辽宁、吉林和黑龙江3个省。

本书中因小数取舍而产生的误差均未做配平处理。

前　言

　　2018 年是国家火炬特色产业基地（以下简称"特色产业基地"或"基地"）建设发展的第 23 年，也是实施"十三五"规划承上启下的关键一年。经过 20 多年的建设和发展，特色产业基地已经成为与国家高新区互为补充的，重点在县域经济层面、从产业成长需求出发，大力推进高新技术产业化以及运用科技创新成果推动产业转型升级的一项重要实践；已经成为推动区域经济创新发展的重要品牌和抓手，成为推动县市科技工作落地、促进科技与产业协同发展的旗帜。党的十九大报告做出创新是引领发展的第一动力的科学论断，继续推动特色产业基地建设和发展，是深入贯彻党的十九大精神，深入实施国家创新驱动发展战略，推动特色产业高质量发展，加快推进现代化经济体系建设，健全完善区域科技创新体系，发展创新型经济的重要体现。

　　截至 2018 年底，全国特色产业基地达到 440 家，遍及 33 个省份（含省、自治区、直辖市、计划单列市），其产业覆盖了节能环保、新一代信息技术、生物、高端装备制造、新能源、新材料和新能源汽车等国家战略性新兴产业的各个领域。2018 年，特色产业基地内高新技术企业总数达到 15357 家，基地企业获得专利授权数达到 20.3 万件，全年实现工业总产值 11.0 万亿元，总收入 10.9 万亿元，净利润 6875.5 亿元，为国家上缴税额 6057.4 亿元，出口创汇 12411.9 亿元。特色产业基地对引导区域产业发展布局、促进产业形成规模经济具有积极的带动作用。

　　为全面、系统、客观地展示特色产业基地发展建设全貌，科学技术部火炬高技术产业开发中心（以下简称"火炬中心"）在地方科技管理部门及各特色产业基地所在地政府的共同支持推动下，组织编写了《2018 年国家火炬特色产业基地发展研究报告》。报告主要包括四个章节以及附录：第一章为基地发展概况，主要是在各地 2018 年度特色产业基地工作总结的基础上，结合 439 家特色产业基地的火炬统计数据分析研究形成，文中提到的数据同比，是指 2018 年 439 家基地与 2017 年 441 家基地数据的对比。第二章为基地建设成效，主要由（2014～2018 年）344 家特色产业基地的统计数据对比分析形成。第三章为县域基地发展，主要讲述 304 家县域基地在 2018 年的发展情况，同时分析了 2014～2018 年连续上报的 235 家特色产业基地在各领域各方面的发展状况。第四章为管理推动工作，主要对 2018 年度的管理推动工作进行了简略概括。附录内容包括基地名录和总结与经验分享。本报告客观地反映了 2018 年度及 2014～2018 年特色产业基地的发展情况。

本报告可为政府相关部门、有关单位工作人员开展决策、研究工作提供帮助，也可为社会各界进一步了解特色产业基地发展状况提供参考。鉴于时间所限，本报告中仍可能存在一些疏漏和不足之处，敬请读者批评指正。

科学技术部火炬高技术产业开发中心

2019 年 11 月

目　录

第一章 基地发展概况

一、基地发展定位

国家火炬特色产业基地（以下简称"特色产业基地"或"基地"）是在一定地域范围内，针对国家鼓励发展的细分产业领域，通过政府组织引导、汇聚各方优势资源、营造良好创新创业环境，形成的具有区域特色和产业特色、对当地经济与社会发展具有显著支撑和带动作用的产业集聚。特色产业基地建设以科技创新为引领，以高质量和高效益发展为中心，调动社会各界力量，集成优势资源，培育区域优势产业，动力更强劲、增长更持续，是推动区域经济创新发展的有效途径。

1995 年 6 月 22 日，原国家科委火炬计划办公室核定了我国第一家特色产业基地——国家火炬计划海门新材料产业基地（现已更名为国家火炬海门化工材料和生物医药特色产业基地）。经过 23 年的建设和发展，特色产业基地经历了起步探索、调整提升、快速发展等几个阶段，截至 2018 年底，总数已经达到 440 家，分布在全国 33 个省（自治区、直辖市、计划单列市）。

二、总体情况

（一）产业规模

进入"十三五"时期以来，特色产业基地数量增加了 46 家，截至 2018 年底，全国范围内特色产业基地已发展到 440 家。统计数据显示，2018 年基地实现工业总产值 109751.0 亿元，比 2017 年增长 3.1%；基地实现总收入 108640.3 亿元，比 2017 年增加 3.8%；实现净利润 6875.5 亿元，比 2017 年增长 5.5%；出口总额 1875.6 亿美元，比 2017 年增加了 7.0%。

在国内经济下行压力依然较大的形势下，特色产业基地仍保持了平稳的增长势头。其中，总收入达到千亿元级（含）的基地为 11 家，500 亿（含）～1000 亿元的基地 47 家，100 亿（含）～500 亿元的基地 221 家，100 亿元以下的基地 160 家，具体分布情况如图 1-1 所示。

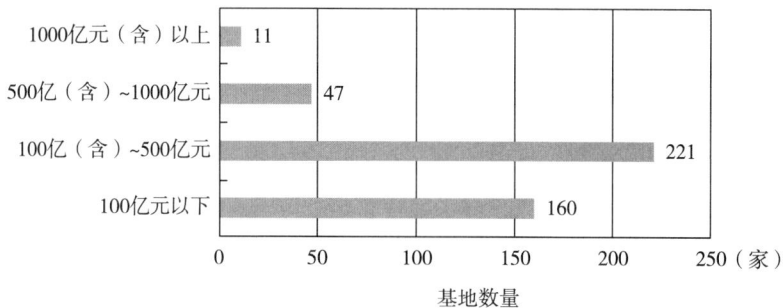

图 1-1　2018 年基地总收入规模分布情况

（二）产业水平

2018 年，特色产业基地盈利水平达到 6.3%，比 2017 年提升了 0.1 个百分点。盈利 10% 以上的基地 88 家，占总数的 20.0%；盈利 10% 以内的为 351 家，占总数的 80.0%。

具体分布情况如图 1 - 2 所示。

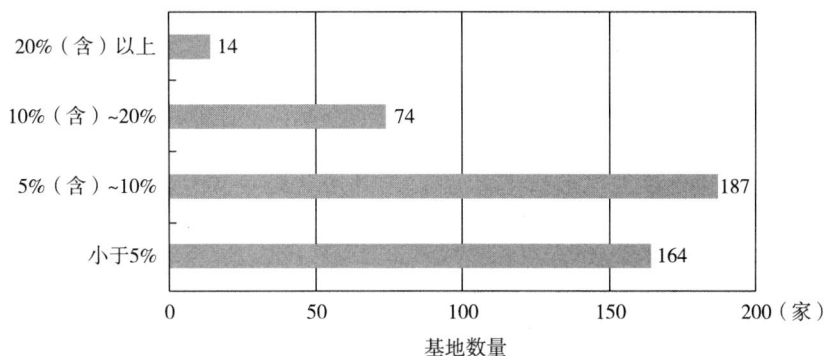

图 1 - 2 2018 年基地盈利水平分布情况

（三） 创新能力

特色产业基地的建设有效集聚了各类创新资源，不断激发了企业的创新热情，提高了企业的自主创新能力。2018 年，基地内企业的研发总投入为 3049.1 亿元，基地 R&D 投入平均强度为 2.81%；申请国内专利 374379 件，比上年增加 10.2%，其中申请发明专利 112958 件，实用新型专利 174173 件；企业获得专利授权 203122 件，比上年增加 13.6%，其中发明专利 33573 件；申请国外专利 3152 件，比上年增加 26.0%；软件著作权登记数 20194 件，比上年增加 47.3%。参与制定国家标准 701 件，制定行业标准 736 件；有 140 家企业参与了国际标准的制定。

R&D 投入强度达到 3%（含）以上的有 197 家，占基地总数的 44.9%；R&D 投入强度在 3% 以下的有 242 家，占基地总数的 55.1%。具体分布情况如图 1 - 3 所示。

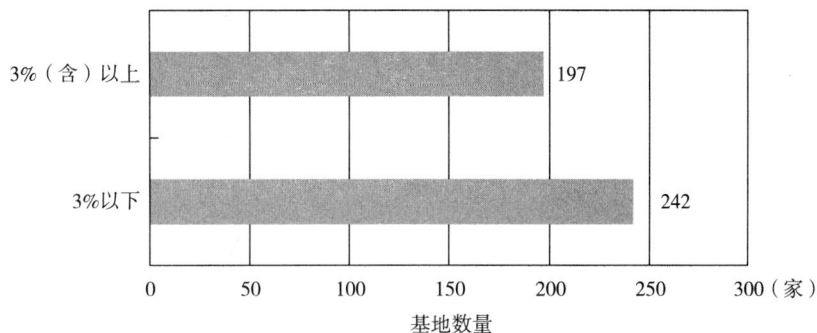

图 1 - 3 2018 年基地研发投入强度分布情况

2018 年，特色产业基地企业总数达到 177245 家，比上年增加了 8.5%。吸纳从业人员 1165.6 万人，比上年增加 1.0%，其中大专学历以上人员 380.6 万人，含博士 2.9 万人、硕士 18.5 万人，分别比上年增加 3.6% 和 8.2%；其中国家级创新领军人才 2581 人，省级创新领军人才 1263 人。

（四）可持续发展

2014～2018 年，连续 5 年上报数据的基地工业总产值复合增长率为 2.7%，总收入复合增长率为 3.0%，净利润复合增长率为 0.7%，上缴税额复合增长率为 2.1%，从业人员复合增长率为 0.3%；2013～2017 年，连续 5 年上报数据的基地工业总产值复合增长率为 3.2%，总收入复合增长率为 4.0%，净利润复合增长率为 -0.4%，上缴税额复合增长率为 3.1%，从业人员复合增长率为 1.4%。两组数据相比，基地工业总产值、总收入、从业人员总数等近 5 年平均增速整体减缓，而净利润平均增速有所提高，基地已进入"控增量保质量"的发展阶段，有利于特色产业基地整体的可持续发展。

三、区域分布

（一）基地分布呈现"东强西弱"态势

按东部、中部、西部和东北地区分布，基地主要集中在东部地区。截至 2018 年，东部地区已有 313 家基地，占到基地总量的 71.1%；中部地区基地数量为 64 家，占基地总数的 14.5%；西部地区基地数量为 33 家，占基地总数的 7.5%；东北地区基地数量为 30 家，占基地总数的 6.8%。具体分布情况如表 1－1、表 1－2、表 1－3、表 1－4 和图 1－4 所示。

从表 1－1 中可以看出，东部地区特色产业基地主要集中在江苏、山东、浙江，三省基地总数为 234 家，占东部地区基地总数的 74.76%，集聚发展效应显著，东部地区特色产业基地呈现以沿海省市为主的发展格局。

表 1-1 2018 年特色产业基地在东部地区各省市的分布情况　　单位：家

省（自治区、直辖市、计划单列市）	基地数量	省（自治区、直辖市、计划单列市）	基地数量
江苏	127	天津	9
山东	64	福建	7
浙江	43	宁波	6
广东	25	青岛	5
河北	12	厦门	4
上海	10	北京	1
合计：313			

表 1-2 2018 年特色产业基地在中部地区各省市的分布情况　　单位：家

省（自治区、直辖市、计划单列市）	基地数量	省（自治区、直辖市、计划单列市）	基地数量
安徽	18	山西	8
河南	13	湖南	8
湖北	13	江西	4
合计：64			

从表 1-2 中可以看出，中部地区特色产业基地主要集中在安徽、河南、湖北，三省基地总数为 44 家，占中部地区基地总数的 68.75%。

表 1-3 2018 年特色产业基地在西部地区各省市的分布情况　　单位：家

省（自治区、直辖市、计划单列市）	基地数量	省（自治区、直辖市、计划单列市）	基地数量
贵州	6	甘肃	2
陕西	6	宁夏	2
云南	5	新疆	2
内蒙古	3	广西	1
四川	3	新疆生产建设兵团	1
重庆	2		
合计：33			

从表 1-3 中可以看出，西部地区特色产业基地主要集中在贵州、陕西、云南，三省基地总数为 17 家，占西部地区基地总数的 51.52%。

表 1－4　2018 年特色产业基地在东北地区各省市的分布情况　　　　单位：家

省（自治区、直辖市、计划单列市）	基地数量	省（自治区、直辖市、计划单列市）	基地数量
辽宁	11	吉林	5
黑龙江	10	大连	4
合计：30			

从表 1－4 中可以看出，东北地区特色产业基地主要集中在辽宁（含大连）和黑龙江，基地总数达到 25 家，占东北地区基地总数的 83.3%。

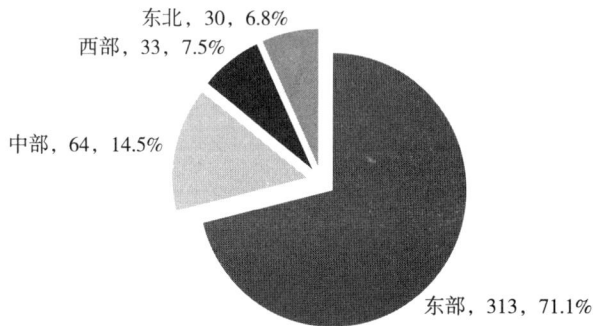

图 1－4　2018 年特色产业基地在全国各地区的分布及比例

发展布局不平衡矛盾依然存在。通过特色产业基地数量对比，基地建设集中分布在东部地区，东部地区各省市基地数量差距较为明显。基地数量排名前三的江苏、山东、浙江三省的基地数量分别为 127 家、64 家、43 家，分别占基地总数的 28.9%、14.5%、9.8%。中部地区的安徽、河南、湖北超过 10 家；东北地区的辽宁、黑龙江超过 10 家，西部地区基地数量均未超过 10 家，具体分布情况如表 1－5 所示。

总量布局不平衡矛盾亟待扭转。截至 2018 年底，江苏省的特色产业基地数量是位居第二名的山东省的近 2 倍，是位居第三名的浙江省的近 3 倍。江苏省特色产业基地的数量高于第二名、第三名的总和，由图 1－5 可见特色产业基地在各省市的分布排序情况。

表 1－5　2018 年特色产业基地在全国各省的分布情况　　　　单位：家

省（自治区、直辖市、计划单列市）	基地数量	省（自治区、直辖市、计划单列市）	基地数量
江苏	127	陕西	6
山东	64	青岛	5
浙江	43	云南	5
广东	25	吉林	5
安徽	18	厦门	4
河南	13	江西	4
湖北	13	大连	4
河北	12	内蒙古	3
辽宁	11	四川	3
上海	10	重庆	2
黑龙江	10	甘肃	2
天津	9	宁夏	2
山西	8	新疆	2
湖南	8	北京	1
福建	7	广西	1
宁波	6	新疆生产建设兵团	1
贵州	6		

合计：440

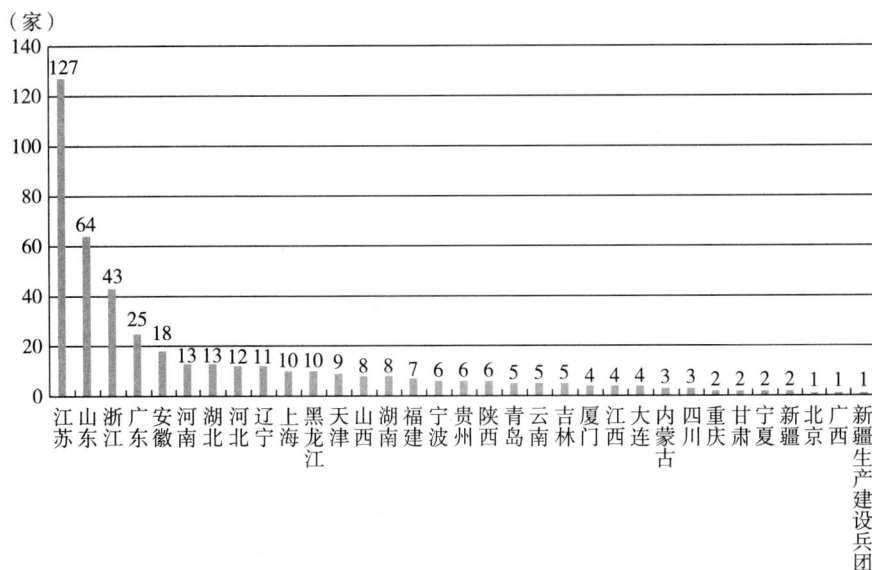

图 1－5　2018 年特色产业基地在全国各省（自治区、直辖市、计划单列市）的分布排序情况

从分布范围看，特色产业基地的分布与经济发展基础密切相关，各区域的经济发展状况有所差别，特色产业基地的发展情况也就有所不同。从东中西部的分布来看，东部地区的特色产业基地分布比较密集，基地总数几乎为中部、西部以及东北地区基地总数的2.5倍。

（二）基地已成为地区经济发展的重要支撑力量

2018 年，东部地区基地内企业数为 144160 家，占全国基地内企业总数的 81.3%。其中，骨干企业 5442 家，占全国基地内骨干企业总数的 70.3%；高新技术企业 11428 家，占全国基地内高新技术企业总数的 74.4%；国内上市企业 788 家，占全国基地内国内上市企业总数的 73.4%；境外上市企业 144 家，占全国基地内境外上市企业总数的 83.2%；新三板挂牌企业 383 家，占全国基地内新三板挂牌企业总数的 71.5%；科技型中小企业 9725 家，占全国基地内科技型中小企业总数的 79.2%；营业收入超 10 亿元企业 1435 家，占全国基地内营业收入超 10 亿元企业总数的 75.4%。具体分布情况如表 1-6 所示。

表 1-6　2018 年特色产业基地企业分布情况　　　　单位：家,%

企业分布	东部	东部占比	中部	中部占比	西部	西部占比	东北	东北占比	合计
基地内企业数	144160	81.3	19886	11.2	8977	5.1	4222	2.4	177245
其中：骨干企业	5442	70.3	1163	15.0	617	8.0	520	6.7	7742
高新技术企业	11428	74.4	2277	14.8	987	6.4	665	4.3	15357
国内上市企业	788	73.4	134	12.5	89	8.3	62	5.8	1073
境外上市企业	144	83.2	12	6.9	6	3.5	11	6.4	173
新三板挂牌企业	383	71.5	89	16.6	40	7.5	24	4.5	536
科技型中小企业	9725	79.2	1131	9.2	1162	9.5	268	2.2	12286
营业收入超 10 亿元企业	1435	75.4	329	17.3	70	3.7	68	3.6	1902

区域间经济发展不均衡问题仍突出。2018 年特色产业基地经济发展指标统计显示，东部地区工业总产值为 81840.2 亿元，占基地工业总产值总量的 74.6%；中部地区工业总产值为 15747.3 亿元，占基地工业总产值总量的 14.3%；西部地区工业总产值为 7699.7 亿元，占基地工业总产值总量的 7.0%；东北地区工业总产值为 4463.8 亿元，占

基地工业总产值总量的4.1%。东部地区特色产业基地经济发展总量明显高于中部、西部及东北地区，具体分布情况如表1-7所示。

表1-7　2018年特色产业基地经济发展指标

经济发展指标	东部	东部占比（％）	中部	中部占比（％）	西部	西部占比（％）	东北	东北占比（％）	合计
工业总产值（亿元）	81840.2	74.6	15747.3	14.3	7699.7	7.0	4463.8	4.1	109751.0
其中：骨干企业产值（亿元）	48135.0	72.4	9404.0	14.1	5580.2	8.4	3383.2	5.1	66502.5
总收入（亿元）	83173.7	76.6	15061.8	13.9	5587.4	5.1	4817.3	4.4	108640.3
技术性收入（亿元）	2353.8	81.0	312.6	10.8	119.8	4.1	119.1	4.1	2905.2
出口总额（亿美元）	1723.2	91.9	103.3	5.5	26.3	1.4	22.9	1.2	1875.6
上缴税额（亿元）	4632.1	76.5	695.7	11.5	422.6	7.0	307.0	5.1	6057.4
净利润（亿元）	5697.9	82.9	745.6	10.8	162.5	2.4	269.4	3.9	6875.5

四、产业分布

发展特色产业是振兴和发展区域经济的必然选择。在产业布局上，特色产业基地的产业聚焦点也从早期的传统产业和地方特色产业向战略性新兴产业转型。

（一）重点领域的分布

1. 特色产业在重点领域的分布

2018年入统的特色产业基地中，先进制造与自动化领域基地163家，占基地总量的37.1%；新材料领域基地114家，占基地总量的26.0%；生物与新医药领域基地69家，占基地总量的15.7%。先进制造与自动化、新材料及生物与新医药三个领域基地数量占特色产业基地总量的78.8%，各领域具体分布情况如图1-6所示。

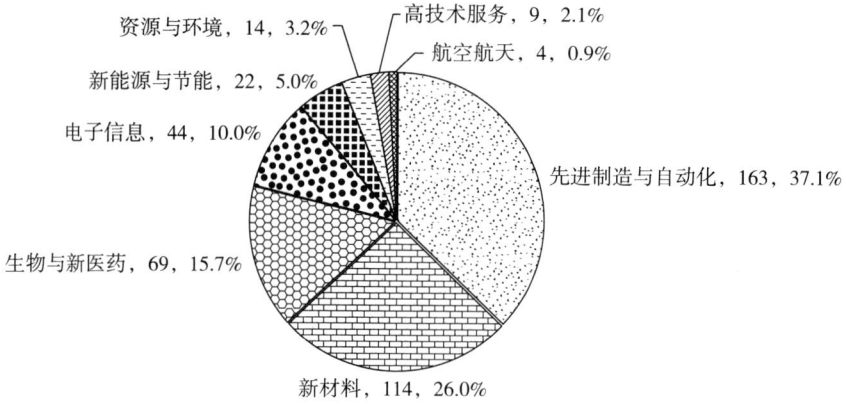

图 1-6　2018 年特色产业基地领域分布

2. 基地企业在重点领域的分布

2018 年，特色产业基地入驻企业总数为 177245 家，主要分布于五个重点领域，其中先进制造与自动化领域 60144 家，占基地内企业总数的 33.9%；新材料领域 29084 家，占基地内企业总数的 16.4%；高技术服务领域 25579 家，占基地内企业总数的 14.4%；生物与新医药领域 23904 家，占基地内企业总数的 13.5%；电子信息领域 22150 家，占基地内企业总数的 12.5%。具体企业类型分布情况如表 1-8 所示。

表 1-8　2018 年特色产业基地各领域内各类企业分布情况　　　　单位：家,%

各类企业分布	先进制造与自动化	新材料	生物与新医药	电子信息	新能源与节能	资源与环境	高技术服务	航空航天	合计
基地内企业数	60144	29084	23904	22150	3658	11525	25579	1201	177245
各领域基地企业数占比	33.9	16.4	13.5	12.5	2.1	6.5	14.4	0.7	100.0
其中：骨干企业	2932	2047	1141	704	391	245	196	86	7742
高新技术企业	6740	3120	1729	1919	721	448	569	111	15357
国内上市企业	310	296	207	118	55	40	42	5	1073
境外上市企业	34	39	43	37	9	5	6	0	173
新三板挂牌企业	203	89	101	75	32	25	7	4	536
科技型中小企业	4032	2249	1225	1461	394	279	2527	119	12286
营业收入超 10 亿元企业	781	538	211	185	96	42	41	8	1902

2018 年，有四个领域基地实现的工业总产值超过万亿元，其中先进制造与自动化领域基地工业总产值达到 44581.4 亿元，新材料领域基地实现工业总产值 30631.5 亿元，生

物与新医药领域基地实现工业总产值 13390.6 亿元，电子信息领域基地实现工业总产值 10428.3 亿元。具体的重点领域经济发展情况如表 1-9 所示。

表 1-9　2018 年特色产业基地重点领域经济发展指标

产业领域	先进制造与自动化	新材料	生物与新医药	电子信息	新能源与节能	资源与环境	高技术服务	航空航天	合计
工业总产值（亿元）	44581.4	30631.5	13390.6	10428.3	4525.3	3288.1	2218.6	687.2	109751.0
各领域工业总产值占比（%）	40.6	27.9	12.2	9.5	4.1	3.0	2.0	0.6	100.0
其中：骨干企业产值（亿元）	27232.6	17896.5	7626.4	6753.2	3339.7	1801.2	1632.3	220.6	66502.5
总收入（亿元）	41720.3	30496.1	13995.5	11051.9	4426.3	3400.0	2916.0	634.1	108640.3
技术性收入（亿元）	855.7	500.0	312.3	682.0	82.1	101.1	350.0	22.0	2905.2
出口总额（亿美元）	704.2	510.7	174.3	392.4	45.7	22.5	24.2	1.6	1875.6
上缴税额（亿元）	2362.9	1675.4	793.2	522.7	222.3	224.5	151.5	104.9	6057.4
净利润（亿元）	2512.2	1890.5	1107.5	605.4	223.4	232.4	272.1	31.9	6875.5

3. 基地企业在重点领域的分布情况

（1）2018 年各省市基地分领域统计分析——数量。

如图 1-7 所示，先进制造与自动化领域特色产业基地总数为 163 家，排名前三的省市为江苏、山东、浙江，三省基地总数为 87 家，占该领域特色产业基地总数的 53.4%。

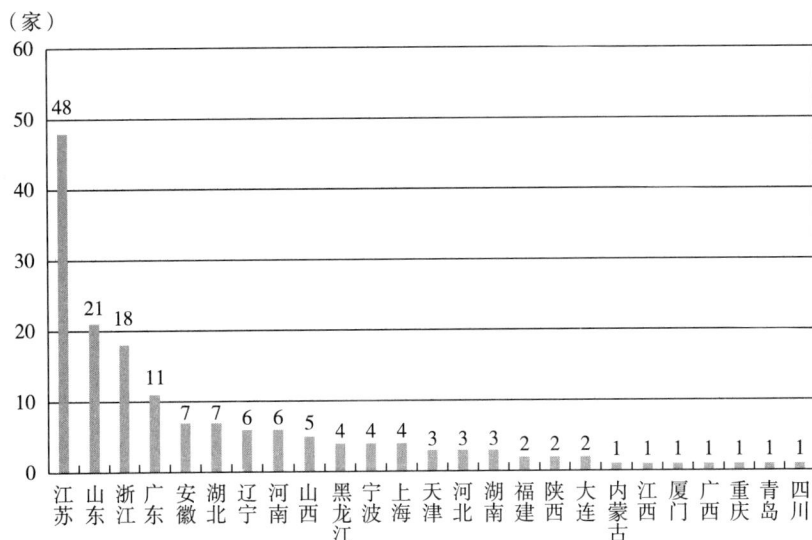

图 1-7　2018 年部分省市先进制造与自动化领域基地数量分布情况

如图 1－8 所示，新材料领域特色产业基地总数为 114 家，排名前三的省市为江苏、山东、浙江，三省基地总数为 61 家，占新材料特色产业基地总数的 53.5%。

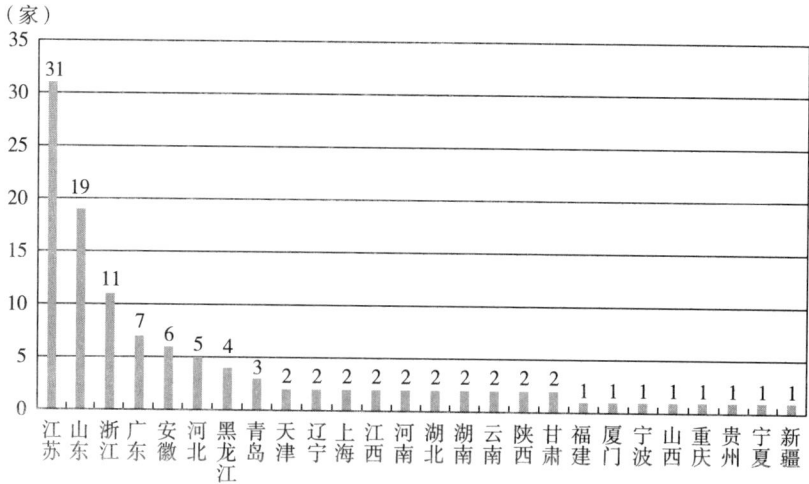

（家）

| | 31 | 19 | 11 | 7 | 6 | 5 | 4 | 3 | 2 | 2 | 2 | 2 | 2 | 2 | 2 | 2 | 2 | 2 | 1 | 1 | 1 | 1 | 1 | 1 | 1 | 1 | 1 |

江苏 山东 浙江 广东 安徽 河北 黑龙江 青岛 天津 辽宁 上海 江西 河南 湖北 湖南 云南 陕西 甘肃 福建 厦门 宁波 山西 重庆 贵州 宁夏 新疆

图 1－8　2018 年部分省市新材料领域基地数量分布情况

如图 1－9 所示，生物与新医药特色产业基地总数为 69 家，排名前三的省市为江苏、山东、浙江，三省基地总数为 36 家，占该领域特色产业基地总数的 52.2%。

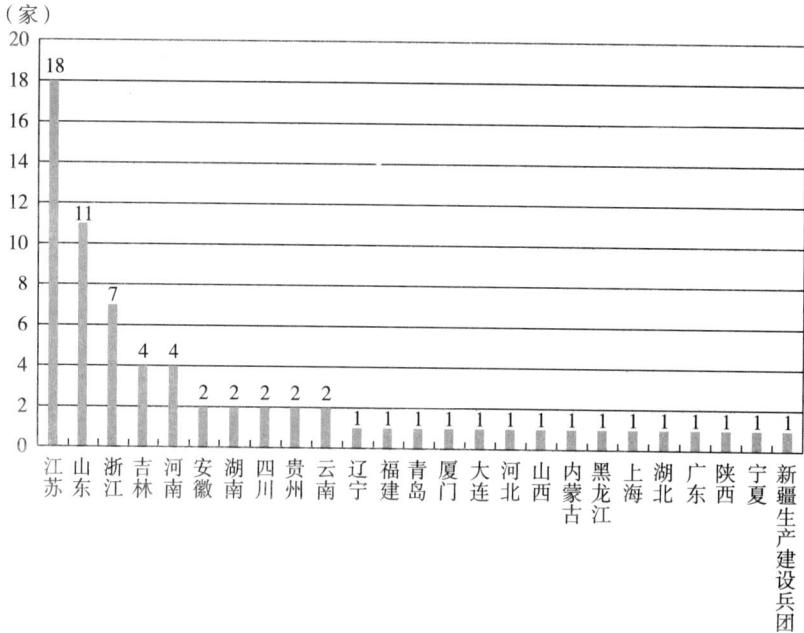

（家）

江苏 山东 浙江 吉林 河南 安徽 湖南 四川 贵州 云南 辽宁 福建 青岛 厦门 大连 河北 山西 内蒙古 黑龙江 上海 湖北 广东 陕西 宁夏 新疆生产建设兵团

图 1－9　2018 年部分省市生物与新医药领域基地数量分布情况

如图 1-10 所示，电子信息领域特色产业基地总数为 44 家，排名前三的省市为江苏、山东、浙江、广东，其中浙江和广东并列第三名，四省基地总数为 28 家，占该领域特色产业基地总数的 63.6%。

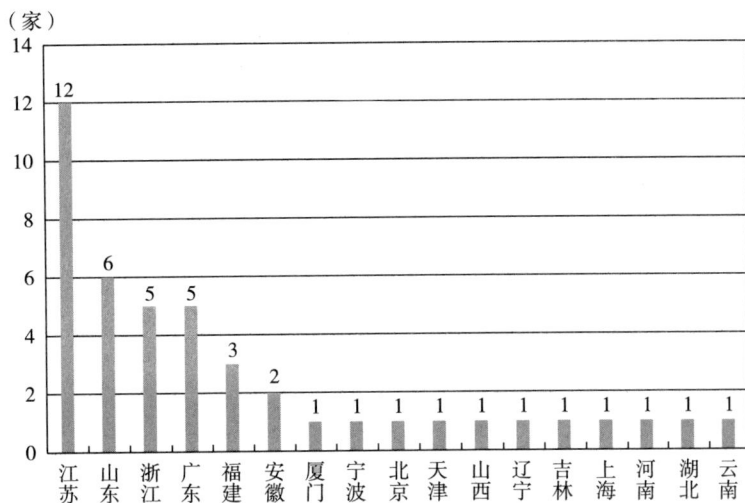

图 1-10　2018 年部分省市电子信息领域基地数量分布情况

如图 1-11 所示，新能源与节能领域特色产业基地总数为 22 家，排名前三的省市为江苏、山东、河北，三省基地总数为 17 家，占该领域特色产业基地总数的 77.3%。

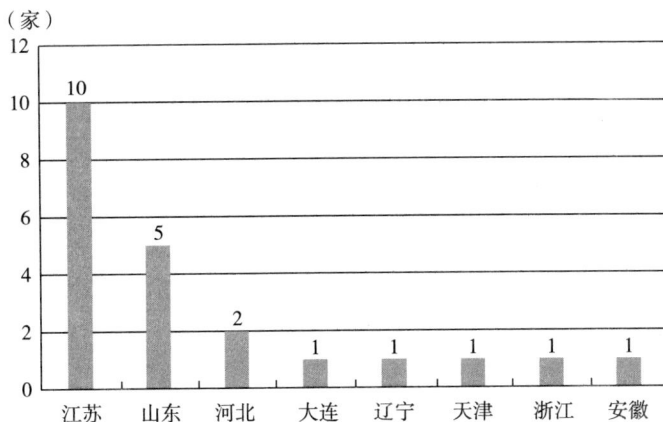

图 1-11　2018 年部分省市新能源与节能领域基地数量分布情况

如图 1 - 12 所示，资源与环境领域特色产业基地总数为 14 家，排名第一的为江苏，基地总数为 8 家，占该领域特色产业基地总数的 57.1% 。

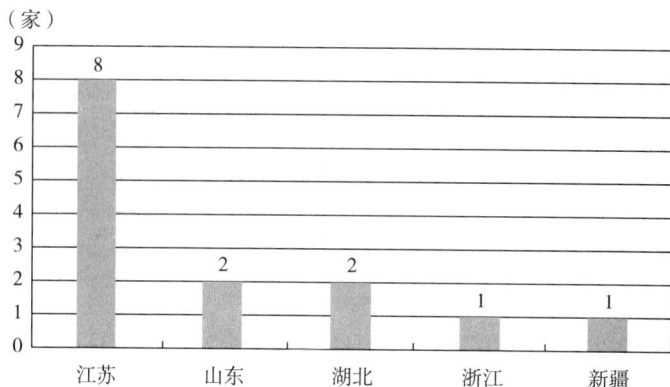

（家）

图 1 - 12　2018 年部分省市资源与环境领域基地数量分布情况

如图 1 - 13 所示，高技术服务领域特色产业基地总数为 9 家，其中东部地区主要集中在天津、上海、河北、广东四省市，西部地区主要集中在贵州和内蒙古，东北地区主要集中在黑龙江。

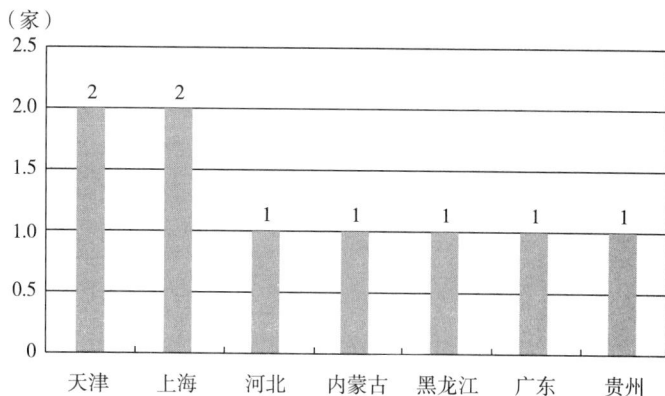

（家）

图 1 - 13　2018 年部分省市高技术服务领域基地数量分布情况

如图 1 - 14 所示，航空航天领域特色产业基地总数为 4 家，西部地区该领域特色产业基地主要集中在贵州和陕西，中部地区该领域特色产业基地主要集中在湖南。

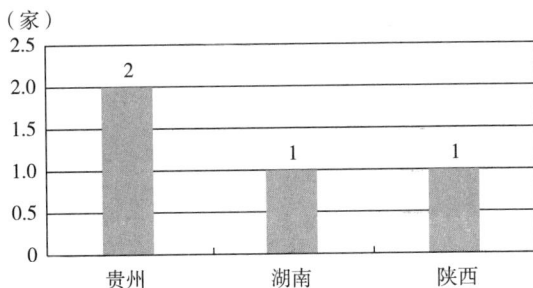

图 1-14　2018 年部分省市航空航天领域基地数量分布情况

（2）2018 年各省市基地分领域统计——总收入。

如图 1-15 所示，先进制造与自动化领域特色产业基地总收入为 41720.3 亿元，排名前三的省份为江苏、广东、山东，三省基地总收入为 24636.4 亿元，占该领域特色产业基地收入总数的 59.6%，其中广东省该领域基地的数量不是很多，但是实现的总收入比较高，排名位居第二。

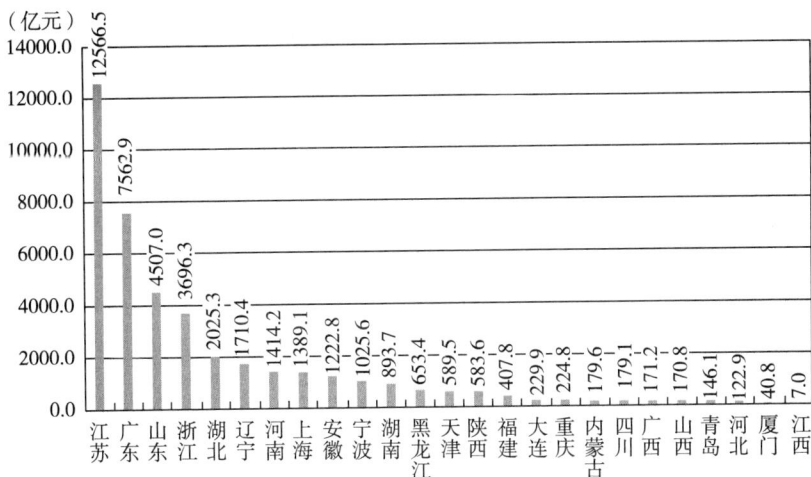

图 1-15　2018 年部分省市先进制造与自动化领域基地总收入分布情况

如图 1-16 所示，新材料领域特色产业基地总收入为 30496.1 亿元，排名前三的省份为江苏、山东、广东，三省基地总收入为 19279.1 亿元，占该领域特色产业基地收入总数的 63.2%。

— 15 —

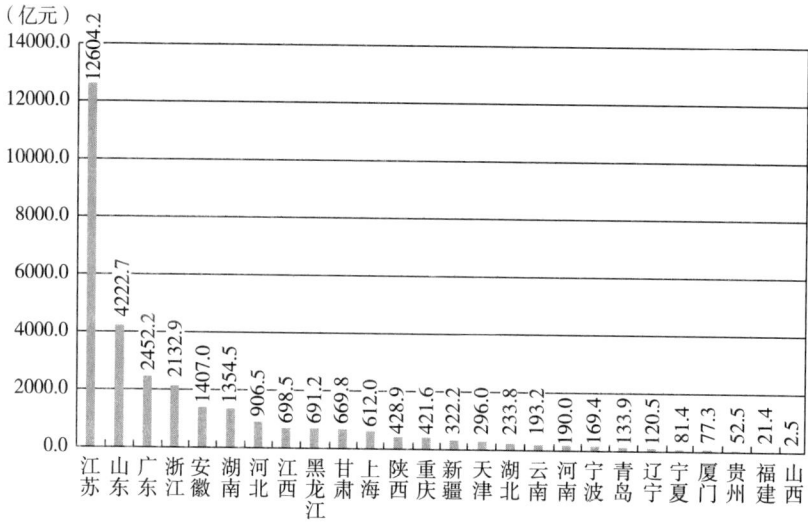

图 1－16 2018 年部分省市新材料领域基地总收入分布情况

如图 1－17 所示，生物与新医药领域特色产业基地总收入为 13995.5 亿元，排名前三的省份为江苏、山东、浙江，三省基地总收入为 8516.5 亿元，占该领域特色产业基地收入总数的 60.9%。

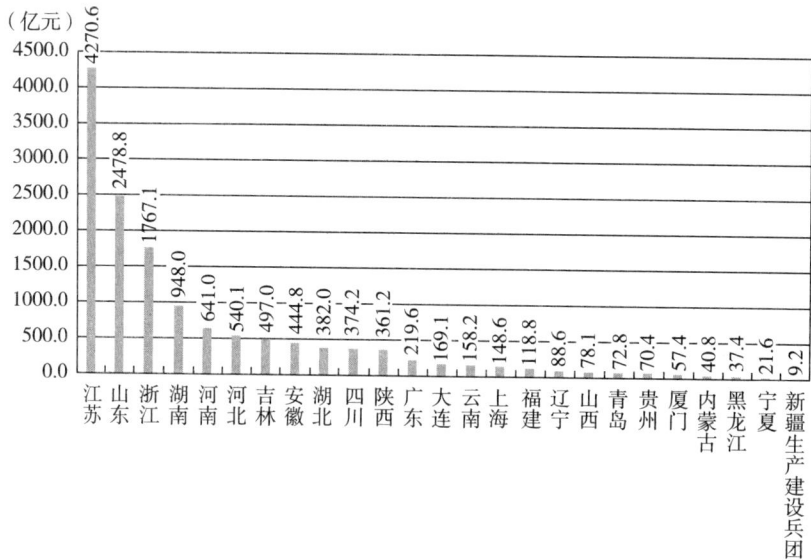

图 1－17 2018 年部分省市生物与新医药领域基地总收入分布情况

如图 1-18 所示，电子信息领域特色产业基地总收入为 11051.9 亿元，排名前三的省份为江苏、广东、安徽，三省基地总收入为 6922.5 亿元，占该领域特色产业基地收入总数的 62.6%。

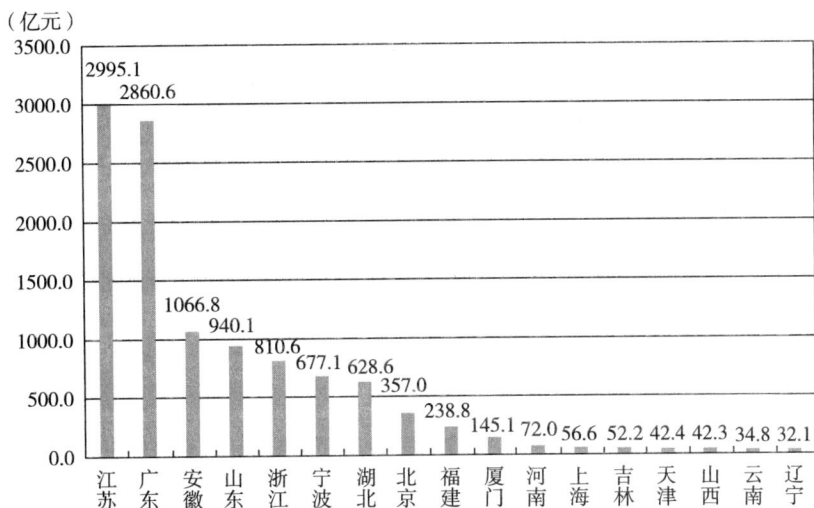

图 1-18　2018 年部分省市电子信息领域基地总收入分布情况

如图 1-19 所示，新能源与节能领域特色产业基地总收入为 4426.3 亿元，排名前三的省份为江苏、安徽、河北，三省基地总收入为 3285.5 亿元，占该领域特色产业基地收入总数的 74.2%。

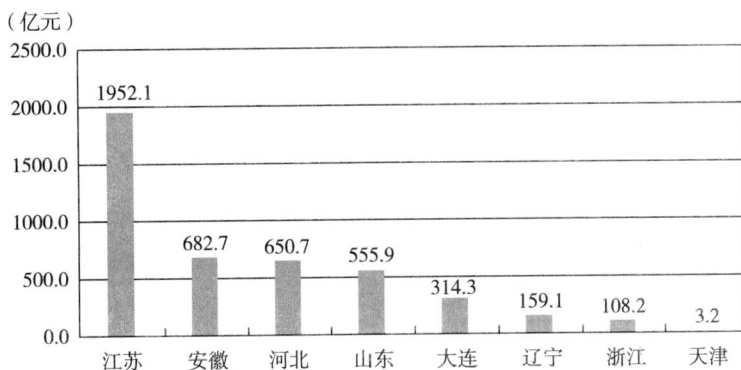

图 1-19　2018 年部分省市新能源与节能领域基地总收入分布情况

如图 1 - 20 所示，资源与环境领域特色产业基地总收入为 3400.0 亿元，排名前三的省份为江苏、山东、湖北，三省基地总收入为 2870.7 亿元，占该领域特色产业基地收入总数的 84.4%。

（亿元）

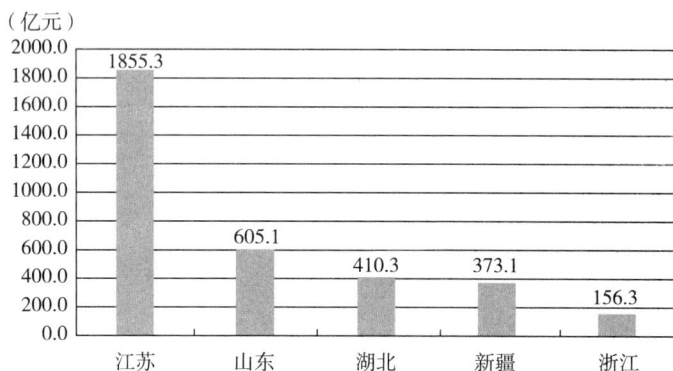

图 1 - 20　2018 年部分省市资源与环境领域基地总收入分布情况

如图 1 - 21 所示，高技术服务领域特色产业基地总收入为 2916.0 亿元，排名前三的省市为上海、河北、天津，三省市基地总收入为 2593.3 亿元，占该领域特色产业基地收入总数的 88.9%。

（亿元）

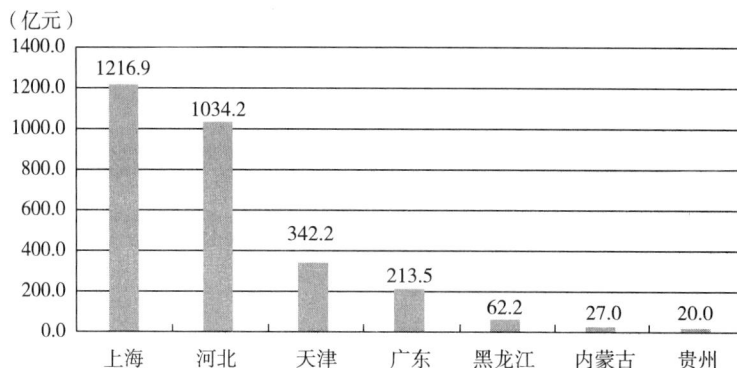

图 1 - 21　2018 年部分省市高技术服务领域基地总收入分布情况

如图 1 - 22 所示，航空航天领域特色产业基地总收入为 634 亿元，主要集中在陕西和贵州，两省该领域基地总收入为 589 亿元，占该领域特色产业基地收入总数的 92.9%。

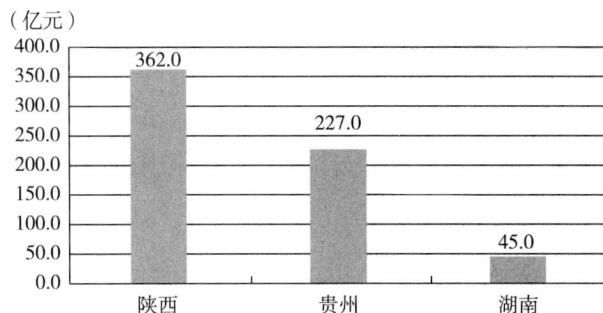

图 1 - 22　2018 年部分省市航空航天领域基地总收入分布情况

（3）2018 年各省市基地分领域统计——利润率。

如图 1 - 23 所示，先进制造与自动化领域基地利润率最高的为河北省，利润率达到 11.9%，整体上该领域基地利润率东部地区较高。

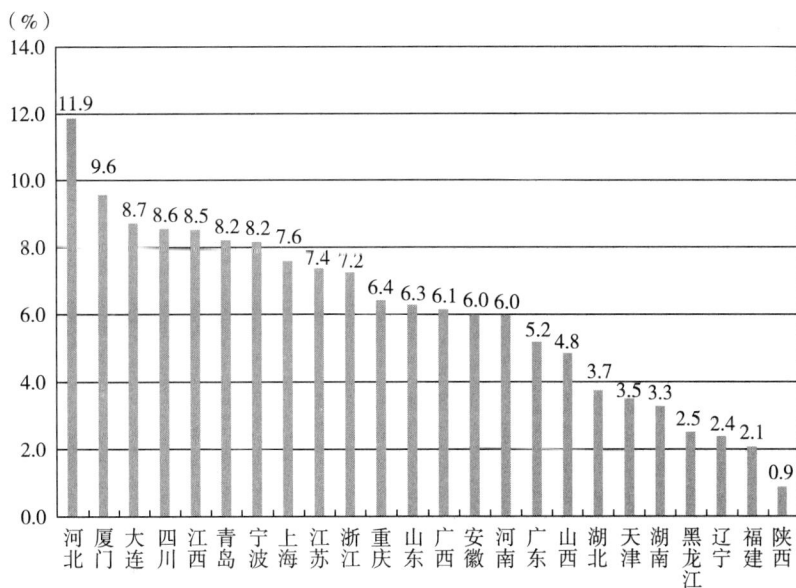

图 1 - 23　2018 年部分省市先进制造与自动化领域基地利润率分布情况

如图 1 - 24 所示，新材料领域基地利润率超过 10% 的省市有河北、山西、厦门和天津，排名第一的河北省基地利润率为 14.7%。

（%）

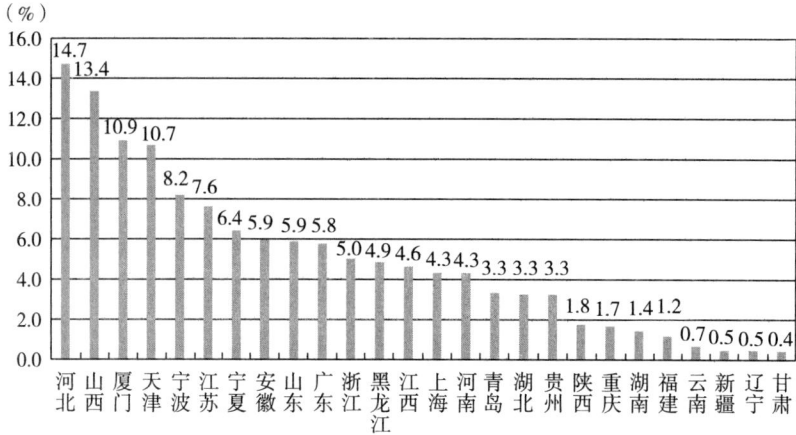

图 1-24 2018 年部分省市新材料领域基地利润率分布情况

如图 1-25 所示，生物与新医药领域基地利润率超过 20% 的省市有厦门和吉林，排名第一的为厦门（50.4%）。

（%）

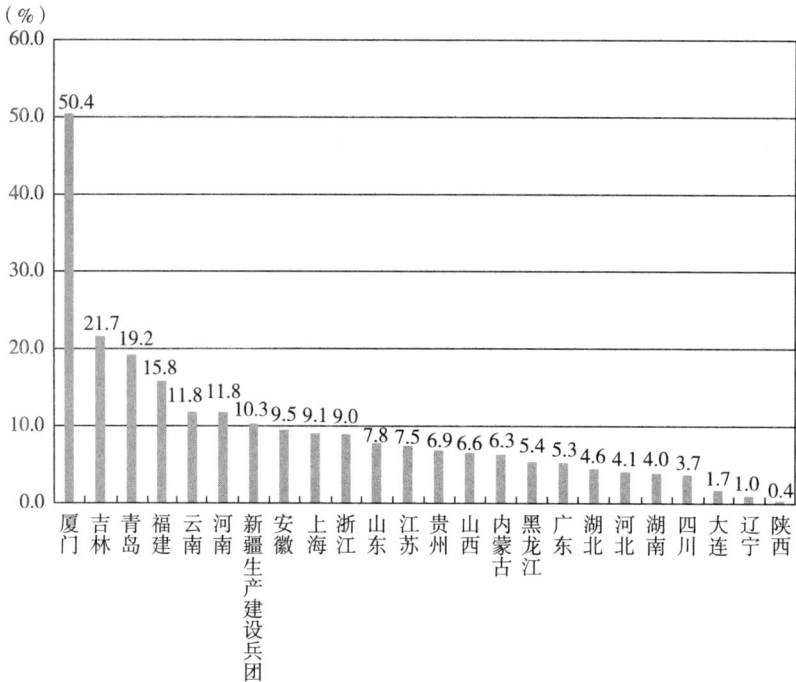

图 1-25 2018 年部分省市生物与新医药领域基地利润率分布情况

如图 1-26 所示，电子信息领域基地利润率超过 10% 的省市有厦门、云南、上海、吉林和天津，排名第一的为厦门（13.0%）。

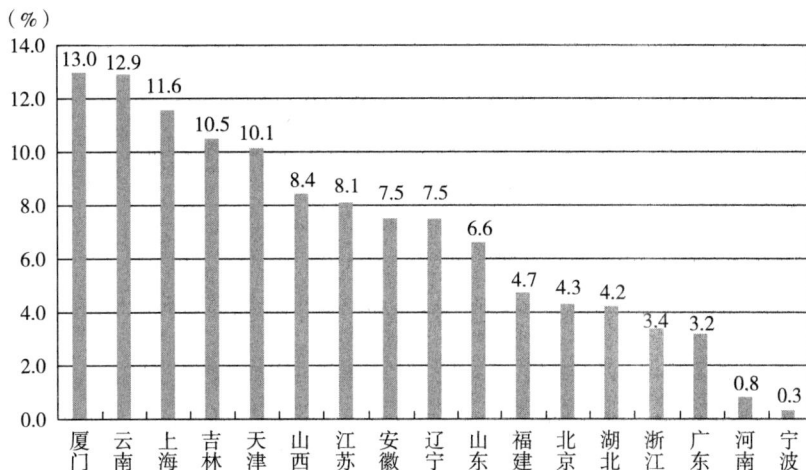

图1-26　2018年部分省市电子信息领域基地利润率分布情况

如图1-27所示，新能源与节能领域基地利润率超过10%的省市有天津和浙江，排名第一的为天津（20.6%）。

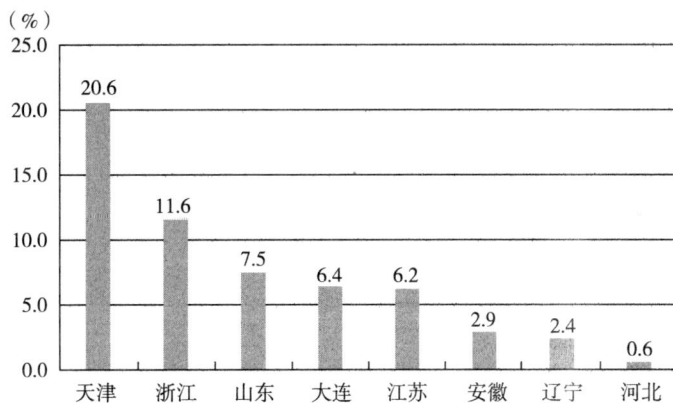

图1-27　2018年部分省市新能源与节能领域基地利润率分布情况

如图1-28所示，资源与环境领域基地利润率排名第一的为浙江（9.7%），该领域基地有盈利能力的东部集中在浙江、江苏和山东，中部集中在湖北，西部集中在新疆。

如图1-29所示，高技术服务领域基地利润率超过10%的省市有黑龙江、天津和上海，排名第一的为黑龙江（20.5%）。

如图1-30所示，航空航天领域基地利润率排名第一的为贵州（5.8%），该领域基地有盈利能力的，西部集中在贵州和陕西，中部集中在湖南。

（％）

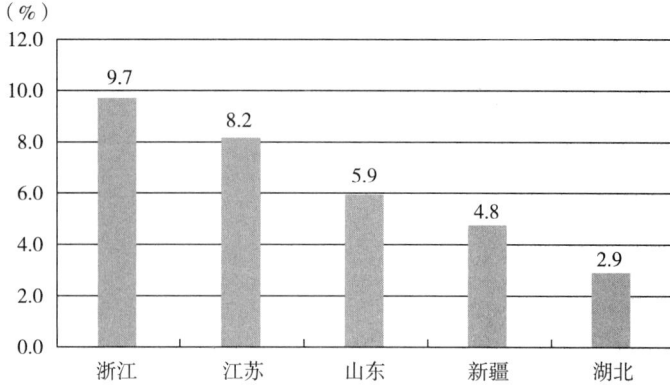

图 1-28　2018 年部分省市资源与环境领域基地利润率分布情况

（％）

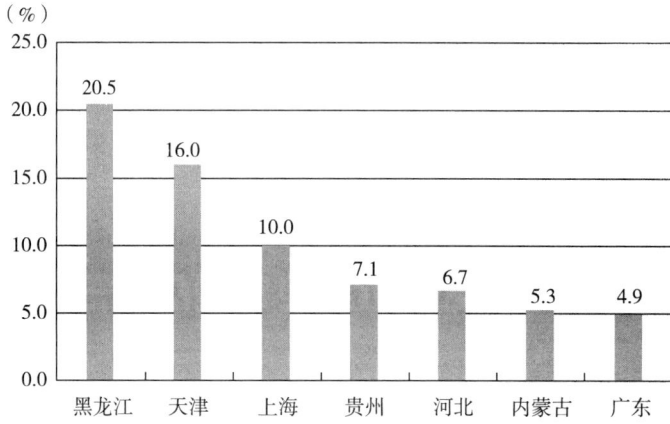

图 1-29　2018 年部分省市高技术服务领域基地利润率分布情况

（％）

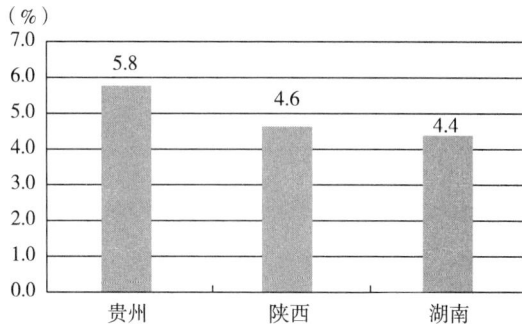

图 1-30　2018 年部分省市航空航天领域基地利润率分布情况

（二）细分领域的分布

1. 电子信息领域

电子信息领域基地有 44 家，其中主导产业主要细分领域为通信技术的基地有 14 家，主要分布在江苏、浙江、福建等省市，其中国家火炬南京雨花现代通信软件特色产业基地的规模最大，2018 年工业总产值达到 1257.8 亿元、实现净利润 120.8 亿元；主导产业主要细分领域为电子元器件的有 12 家，主要分布在浙江、山东、广东，其中国家火炬江门高新区半导体照明特色产业基地 2018 年实现工业总产值 585.6 亿元、净利润 8.4 亿元。

2. 生物与新医药领域

生物与新医药领域基地有 69 家，其中主导产业主要细分领域为医药生物技术的基地有 32 家，分布在江苏、山东、河南等 10 个省市，代表基地如国家火炬泰州医药特色产业基地，2018 年实现工业总产值 893.1 亿元、净利润 32.2 亿元；主导产业主要细分领域为中药、天然药物的基地有 15 家，分布在山东、江苏、贵州等省份，代表基地如国家火炬保定安国现代中药特色产业基地、国家火炬连云港化学创新药和现代中药特色产业基地等，2018 年分别实现工业总产值 490.7 亿元、482.7 亿元，实现净利润 22.4 亿元、60.0 亿元。

3. 航空航天领域

航空航天领域基地有 4 家，其中主导产业细分领域为航空技术的有 3 家，主要分布在湖南、贵州、陕西，其中国家火炬西安阎良航空特色产业基地规模最大，2018 年实现工业总产值 395.0 亿元、净利润 16.8 亿元；主导产业细分领域为航天技术的有 1 家，即国家火炬遵义航天军转民（装备制造）特色产业基地。

4. 新材料领域

新材料领域基地有 114 家，其中主导产业细分领域为金属材料的基地有 30 家，分布在江苏、浙江、山东等 18 个省（区、市），代表基地有国家火炬江阴高新区特钢新材料及其制品特色产业基地、国家火炬丹阳高性能合金材料特色产业基地等，这两家基地 2018 年工业总产值均超过千亿元，分别为 1193.5 亿元、1085.3 亿元，净利润分别为 79.4 亿元、76.4 亿元；主导产业细分领域为无机非金属材料的基地有 27 家，分布在江苏、浙江、山东等 11 个省份，代表基地有国家火炬佛山电子新材料特色产业基地、国家火炬武进建材特色产业基地等，这两家基地 2018 年工业总产值分别为 551.7 亿元、495.5 亿元，净利润分别为 55.1 亿元、21.5 亿元；主导产业细分领域为高分子材料的基地有 34 家，分布在江苏、山东、安徽等 11 个省（市），典型代表如国家火炬泰兴精细专用化学品特色产业基地，2018 年实现工业总产值 1053.4 亿元、净利润 149.9 亿元。

5. 高技术服务领域

高技术服务领域基地有 9 家，其中规模最大的是国家火炬上海青浦智慧物流特色产业基地，2018 年工业总产值达到 1022.3 亿元、实现净利润 116.7 亿元。主导产业细分领域为研发与设计服务的基地有 3 家，代表基地为国家火炬上海环同济研发设计服务特色产业基地，2018 年实现工业总产值 237.6 亿元、净利润 5.4 亿元。

6. 新能源与节能领域

新能源与节能领域基地有 22 家，其中细分领域主要是可再生清洁能源的基地有 12 家，代表基地如国家火炬保定新能源与能源设备特色产业基地，2018 年实现工业总产值 498.1 亿元，为保定高新区重要的经济支柱产业。目前，细分领域为核能与氢能的基地只有 1 家，即国家火炬大连金普新区核电装备特色产业基地。

7. 资源与环境领域

资源与环境领域基地有 14 家，其中主要细分领域为水污染控制与水资源利用技术的有 3 家，代表基地为国家火炬无锡宜兴环保装备制造及服务特色产业基地，2018 年工业总产值 658.6 亿元、实现净利润 67.2 亿元；主要细分领域为大气污染控制技术的基地有 4 家，代表基地如国家火炬南通启东节能环保装备及基础件特色产业基地，2018 年工业总产值 173.5 亿元、实现净利润 13.0 亿元；细分领域为固体废弃物处置与综合利用技术的基地有 3 家，代表基地如国家火炬荆门高新区再生资源利用与环保特色产业基地，2018 年工业总产值 185.4 亿元、实现净利润 10.4 亿元。

8. 先进制造与自动化领域

先进制造与自动化领域基地有 163 家，其中基地数量排名前三的主要细分领域依次为先进制造工艺与装备（81 家）、汽车及轨道车辆相关技术（31 家）、电力系统与设备（16 家）。

细分领域为先进制造工艺与装备的基地分布在江苏、浙江、山东、广东等 17 个省（市），代表基地如国家火炬中山日用电器特色产业基地、国家火炬佛山自动化机械及设备特色产业基地，两家基地2018年分别实现工业总产值1146.2亿元、1091.7亿元，实现净利润89.3亿元、44.0亿元；细分领域为汽车及轨道车辆相关技术的基地分布在江苏、浙江、湖北等11省（市），代表基地如国家火炬上海安亭汽车零部件特色产业基地、国家火炬苏州汽车零部件特色产业基地，两家基地2018年分别实现工业总产值927.3亿元、814.5亿元，实现净利润分别为88.6亿元、76.8亿元；细分领域为电力系统与设备的基地主要分布在江苏、山东等9个省（市），代表基地如国家火炬无锡宜兴电线电缆特色产业基地，2018年实现工业总产值945.7亿元、实现净利润36.0亿元。

第二章 基地建设成效

2018 年，在各省级科技行政主管部门，以及基地所在地政府、国家或省级高新技术产业开发区管委会、经济技术开发区管委会等（以下简称"当地政府"）科学规划、精心组织、积极推动下，特色产业基地建设坚持科技创新引领产业发展，不断优化创新创业环境，集聚创新要素资源，形成了特色产业集聚、创新企业成长、科技成果不断转化的发展局面，以 2014～2018 年连续完整上报数据的 344 家基地（下同）为例，基地工业总产值增长 11.2%，总收入增长 12.6%，出口创汇减少 5.0%，上缴税额增长 8.7%，净利润增长 2.7%，促进区域经济平稳健康发展。

一、助力区域特色产业经济高质量发展

在当今社会，充分发挥各自的"比较优势"成为区域经济发展的关键点，这也是社会分工日趋明细化和行业分工日趋多元化的集中体现。特色产业基地围绕深入实施创新驱动发展战略，推动特色经济高质量发展，以供给侧结构性改革为主线，改造提升传统产业、培育发展新兴产业、发展绿色低碳循环经济，实现创新与产业发展深度融合，助力区域经济持续稳定发展。发展特色产业可以促进区域经济发展，充分利用区域优势资源，扬长避短，培育基地主导产业。

（一）基地特色产业市场占有率稳步增长

特色产业基地大力支持具有地方特色并作为或将作为地方支柱产业的产业发展。2018年，在连续5年上报数据的344家基地中，有98.0%（337家）的基地特色产业比重达到50%以上，基地占比比2014年提高近28个百分点。各产业领域的特色产业基地总体都实现了经济的快速增长，其中，145家基地的主导产业在国内市场的占有率达到了20%（含）以上，具体情况见表2-1。

表2-1　2018年特色产业基地重点领域统计　　　　　　　　　单位：家

领域	基地数量	基地内企业总数	特色产业比重超过50%的基地数量	主导产业国内市场占有率超过20%的基地数量	工业总产值（亿元）	上缴税额（亿元）
先进制造与自动化	128	50477	127	63	38097.7	1944.0
新材料	92	27492	92	41	28407.6	1597.1
生物与新医药	52	22080	47	17	11271.1	695.0
电子信息	37	21323	37	11	9703.2	497.6
新能源与节能	19	3527	19	7	3767.6	185.6
资源与环境	8	2993	8	4	1953.8	165.5
高技术服务	5	25375	4	0	1141.2	114.2
航空航天	3	1118	3	2	558.3	91.0

注：根据2018年344家基地作为计算基数。

从表2-1可以看出，特色产业基地在所涉及的领域中，主导产业的市场占有率有较大优势。

特色产业基地八大领域发展情况

● 先进制造与自动化领域，特色产业基地共有128家，基地内共有企业50477家，涉及先进制造工艺与装备、汽车及轨道车辆相关技术、电力系统与设备、新型机械、工业生产过程控制系统、高技术船舶与海洋工程装备设计制造技术、高性能智能化仪器仪表、安全生产技术、传统文化产业改造技术等细分领域，实现工业总产值38097.7亿元，上缴税额1944.0亿元。

● 新材料领域，特色产业基地共有92 家，基地内共有企业27492 家，涉及高分子材料、金属材料、无机非金属材料、精细和专用化学品、生物医用材料等细分领域，实现工业总产值28407.6 亿元，上缴税额1597.1 亿元。

● 生物与新医药领域，特色产业基地共有52 家，基地内共有企业22080 家，涉及医药生物技术、中药天然药物、化学药研发技术、医疗仪器设备与医学专用软件、农业生物技术、药物新剂型与制剂创制技术、轻工和化工生物技术等细分领域，实现工业总产值11271.1 亿元，上缴税额695.0 亿元。

● 电子信息领域，特色产业基地共有37 家，涉及通信技术、新型电子元器件、微电子技术、软件、信息安全技术、计算机产品及其网络应用技术、广播影视技术等细分领域，基地内共有企业21323 家，实现工业总产值9703.2 亿元，上缴税额497.6 亿元。

● 新能源与节能领域，特色产业基地共有19 家，涉及可再生清洁能源、新型高效能量转换与储存技术、高效节能技术等细分领域，基地内共有企业3527 家，实现工业总产值3767.6 亿元，上缴税额185.6 亿元。

● 资源与环境领域，特色产业基地共有8 家，涉及大气污染控制技术、水污染控制与水资源利用技术、固体废弃物处置与综合利用技术、生态环境建设与保护技术、清洁生产技术、资源勘查高效利用与综合利用技术等细分领域，基地内共有企业2993 家，实现工业总产值1953.8 亿元，上缴税额165.5 亿元。

● 高技术服务领域，特色产业基地共有5 家，涉及研发与设计服务、信息技术服务、电子商务与现代物流技术、文化创意产业支撑技术等细分领域，基地内共有企业25375 家，实现工业总产值1141.2 亿元，上缴税额114.2 亿元。

● 航空航天领域，特色产业基地共有3 家，细分领域均为航空技术，基地内共有企业1118 家，实现工业总产值558.3 亿元，上缴税额91.0 亿元。

案例1　优化特色产业发展环境，形成特色主导产业布局

国家火炬常熟生物医药特色产业基地通过明确产业发展重点领域，发挥在医疗器械行业中的影响力，引进国内外的优质创新创业资源，壮大常熟生物医药特色产业基地产业规模。

案例1 优化特色产业发展环境，形成特色主导产业布局
——国家火炬常熟生物医药特色产业基地

国家火炬常熟生物医药特色产业基地，以常熟（古里）生物医药产业园区为核心，苏虞生物医药产业园、常熟大学科技园为辅共同组成。主导产业包括化学药研究技术、中药、天然药物、医药生物技术、药物新剂型与制剂创剂技术和医疗器械、设备等，基地主导产业国内市场占有率达92%。2018年，基地进一步深化改革，对基地各平台运行主体试行规范管理和股份制改造，建立现代企业管理制度。基地建立了科技资源共享机制，推动和完善科技信息服务体系建设，初步建立了产业科技合作项目和专家资料信息库，为企业技术创新提供信息和技术支持。

基地龙头骨干企业产业规模和核心竞争力日益增强，现有的产品在市场份额上逐年扩大，主打产品市场地位牢固。在发展现有产品的同时，各大龙头骨干企业适应新形势，积极探索公司发展新模式，拓宽业务涉及面，延伸产业链，向上下游辐射。

案例2 完善通航领域产业发展，推进特色基地开发建设

国家火炬株洲中小航空发动机特色产业基地坚持以产学研相结合的模式，大力开展科技创新及科技合作，加强了孵化体系、投融资体系和中介服务体系的建设，基本形成了较完备的技术创新服务体系，为基地内航空中小企业发展提供了强大的技术支撑。

案例2 完善通航领域产业发展，推进特色基地开发建设
——国家火炬株洲中小航空发动机特色产业基地

国家火炬株洲中小航空发动机特色产业基地洼地效应逐步显现，相关企业迅速聚集，产业发展步伐加快，技术创新能力显著提升，公共服务能力和产品检测水平大幅提高，基本形成了以中小航空发动机制造、通用飞机整机制造、通用航空运营配套、衍生产业、地面燃气轮机、发动机零部件、发动机维修、高精传动系统、EPS等为特

色的产业集群。已形成完备的中小型航空发动机研发生产体系，能够独立研制多型军民用涡轴、涡桨、中小型涡扇、涡喷发动机及燃气轮启动机等航空产品。近年来，基地充分发挥国家重工业基地、老军工基地及国家中小航空发动机及其传动系统生产基地的优势，大力培育基地骨干企业、不断拓展产业链条，取得了显著效果，不仅做强了中小航空发动机产业、地面燃气轮机产业，而且展示了基地产业强劲的发展潜力。

（二）基地特色产业高端化发展成效凸显

发展战略性新兴产业，必须以特色基地建设为依托，走集约集聚之路，推动技术突破向产业化发展，提高资源配置效率和利用水平，强化要素集聚和技术集成，打造特色产业集群。

案例3 提升特色产业竞争力，发挥高端产业集群效应

国家火炬池州高端数控机床特色产业基地的集聚效益和带动作用明显增强，一大批中小企业纷纷落户、迅速成长。大量科技型中小企业的进驻和迅速发展延伸和完善了高端数控机床产业链，实现区域内产业无缝对接，构筑具有很强竞争力的产业链。

案例3 提升特色产业竞争力，发挥高端产业集群效应
——国家火炬池州高端数控机床特色产业基地

国家火炬池州高端数控机床特色产业基地主导产业突出，主要产品技术先进、市场占有率高。以高端数控机床为主导产业的池州高端数控机床特色产业基地已从初期的机床营销、加工发展延伸为从上游关键零部件的研发、高端机床的生产到下游产品的出口销售协同发展的数控机床产业链体系。

其中安徽力成机械装备有限公司是国内专用机床领域最大的研发制造企业，公司生产的精密搓齿机占据了国内市场65%的份额；池州市邦鼐机电科技有限公司生产的机床关键零部件——滚珠丝杠副技术国内领先，占有较大的国内市场份额。高端数控机床及其功能部件不仅为各行各业发展提供基础性支撑，同时对高端数控机床相关的上

下游产业产生巨大的拉动作用。2018 年底，基地总产值 56 亿元，销售收入 43 亿元，占池州机床产业总营业收入的 79.36%。基地的发展和壮大为池州促进产业升级、发展高端智能制造业打下了坚实的基础。

池州发展高端数控机床制造产业，遵循其高端装备制造的技术密集型特征和流程再造产业发展趋势，抓住池州承接产业转移的机遇，加快集群建设，发挥出了产业集群的潜力和优势。

基地企业围绕主导产业不断创新发展甚至开拓新的领域再创业，并加大招商引资力度，吸引优秀人才和项目来基地创业发展。重点扶持一批研发能力强、拥有自主创新产品的龙头骨干企业，支持企业做强产品、做优品牌、做大企业，设立高端数控机床产业发展基金，加大资金扶持力度。同时加强与跨国公司、行业龙头企业、大型专业流通企业和物流服务商等的战略合作，加强与科研院所的产学研合作。鼓励中小企业加强先进适用技术应用，提高技术水平。支持企业与高校、科研院所联合建立研发机构，共同承担科技项目，形成利益共享合作机制。

案例4　加快基地产业升级，引导企业自主创新

国家火炬上海枫泾高端智能装备特色产业基地聚焦新兴产业成长方向，加快基地集群承载能力建设，推进新兴产业上下游协调发展，提升特色产业规模能级，加快形成布局集中、产业集群的格局。牢牢把握稳中求进工作总基调和高质量发展要求，推进工作思路创新和模式创新，全面提升发展质量和效益，在新的起点上创新发展。

案例4　加快基地产业升级，引导企业自主创新

——国家火炬上海枫泾高端智能装备特色产业基地

国家火炬上海枫泾高端智能装备特色产业基地重点聚焦高端智能装备，包括新能源汽车、通用航空、机械人、智能医疗设备、数控机床、智能成套设备、节能环保、核心基础零部件、新能源太阳能电池和风电设备等先进制造产业。加强创新，培育发展"四新"经济，加强产学研结合及技术创新，完善产业支撑体系。围绕信息化与工

业化深度融合，同步推进新兴产业项目招引和传统产业智能化改造，培育发展基于"互联网＋"的新技术、新模式、新业态。坚持资源节约、环境友好，加大产业结构调整力度，主动淘汰落后产能，提高资源能源利用效率，建立安全、环保、清洁、高效的绿色产业体系。

基地智能装备及节能产品主要有新能源汽车、3D 激光打印机械人、建筑 3D 打印、节能电机、节能压缩机、LED 节能灯、LED 节能标牌、节能电梯、节能流量计、节能曳引机、节能工具、节能装饰等。

以科技创新和品牌建设为抓手，着力提升产业发展能级，着重引导现有新能源特色产业企业开展品牌建设，并与行业相关企业加大合作力度，整合资源，实现企业和项目的相互嫁接。聚焦创新供给、质量为先、品牌发展，大力发扬企业家精神和工匠精神，提升产业自主创新能力，打造具有核心竞争力的新兴产业集群，提升产业发展能级。

（三）区域经济发展质量与效益显著提升

特色产业基地是高新技术、高新产品、高新企业的密集区，是培育区域支柱性产业的先导区、示范区和辐射区，因此，基地是带动区域经济发展的重要引擎。

案例 5　逐步实现产业协同发展，引领企业品牌不断升级

国家火炬诸城汽车及零部件特色产业基地在汽车整车制造方面，福田诸城汽车厂作为龙头企业，积极引领推动整个汽车及零部件行业产品和品牌的不断升级，打造了中高端轻微卡市场的福田时代品牌。

案例 5　逐步实现产业协同发展，引领企业品牌不断升级

——国家火炬诸城汽车及零部件特色产业基地

国家火炬诸城汽车及零部件特色产业基地集聚整合全市各相关部门的优势资源，充分发挥规划引领、政策引导和创新驱动作用，适应全国乃至全球汽车产业市场发展

转型升级和新旧动能转换的高质量发展新形势，努力推动基地从以前单纯靠规模取胜，向规模大且有核心竞争力的产业集群转变，持续聚焦聚力，倾斜资源、完善规划、加速布局，促进了汽车及零部件产业集聚式、集约化、园区化发展，形成了产业链条齐全的汽车及零部件产业规模，目前已成为该市规模最大、发展速度最快的主导产业。

基地通过创新驱动和加快实施新旧动能转换重大工程，以强力助推汽车及零部件产业供给侧结构性改革为主线，引导企业把握智能网联、新能源、轻量化发展方向，不断加大科学投入，加快产业应用新技术和新模式，加大产业智能化改造，逐步实现产业智慧化和品牌高端化，推动全产业链协同发展，建设中高端商用车制造基地。

积极引导企业依托大专院校、科研院所在基地建立企业研发中心，做到有组织体系、有专业人才、有技术开发经费、不断开发拥有自主知识产权的产品，努力使基地成为汽车零部件科研成果中试基地和产业化基地，形成集聚效应。

案例6 培育基地龙头企业，整合区域资源优势

国家火炬中山日用电器特色产业基地以南头镇、黄圃镇和东凤镇三个专业镇的日用电器产业为核心，中山市家电产业发展取得显著进展，在产业规模、创新能力、产业链配套、知名度、行业竞争能力等方面不断提升，区域影响力日益增强。

案例6 培育基地龙头企业，整合区域资源优势
——国家火炬中山日用电器特色产业基地

国家火炬中山日用电器特色产业基地以南头镇从"中国家电产业基地"升级为"中国家电品牌基地"、黄圃镇建设家电知识产权快维中心、东凤镇创建出口厨卫家电质量安全示范区为主要抓手，打造粤港澳大湾区中山千亿家电产业集群的创新高地，引进粤港澳、"一带一路"高端创新资源，整合周边镇区家电产业资源，从而促进中山家电产业整体加快融入粤港澳大湾区，实现中山家电品牌的整体提升。推进基地内产业链协同创新，以粤港澳合作为基础，加快形成基地内南头、黄圃、东凤三镇的协同发展网络，发挥基地内龙头企业带动作用，向产业链上的中小企业推广智能产品设计、

智能制造改造等系统解决方案，实现大中小企业融通发展。

基地聚集了 TCL 空调、奥马冰箱、长虹电子、伊莱特电器、美的、樱雪厨卫、凯腾红酒柜等一批行业领先企业，其中奥马连续十年蝉联中国冰箱出口冠军，凯腾红酒柜出口行业排名第一。基地大力培育了 TCL 空调、奥马电器、广东长虹、伊莱特电器、美的环境电器等本土家电行业的龙头企业。创新成为第一动力，基地突出实体经济，着力提升产业发展层次，切实增强经济的创新力和竞争力，为高质量发展提供重要的产业支撑。基地以创建"广东省知名品牌示范区"为契机，夯实品牌家电基础，积极引导企业主导和参与制定行业标准。

二、促进地方传统产业新旧动能转换

新旧动能转换是推动企业由弱到强、由小到大，从激烈市场竞争中脱颖而出的主要动力，是企业进行战略转型的突破口和创新实践途径。基地通过创新思路、实践办法、更新生产设备等方法，让生产力适应生产关系，从技术、人员、组织管理制度、内部组织架构等角度入手创新生产管理模式，抢占生产动能革命先机，为企业做大做强创造有利环境。

（一）科技创新加快新兴产业培育

新兴产业特色基地作为发展战略性新兴产业的重要载体和孵化场所，是科技创新的前沿阵地，是科技与经济联姻的重要孕育区。

案例 7 发展战略性新兴产业，调整基地经济结构

国家火炬扬州江都智能电网特色产业基地着力从企业研发机构建设、强化产学研合作、公共服务平台完善、科技载体打造等方面，不断完善包含科技研发、协同创新、科技服务、产业孵化等在内的产业创新体系。

案例 7　发展战略性新兴产业，调整基地经济结构

——国家火炬扬州江都智能电网特色产业基地

国家火炬扬州江都智能电网特色产业基地大力实施创新驱动发展战略，把科技创新作为实现经济高质量发展的根本动力和提高城市核心竞争力的关键举措，聚焦智能电网等特色优势产业，加大产业科技创新力度，产业规模逐年扩大，创新资源加快集聚，创新能力逐步增强，带动城市综合实力不断提升。开展重大项目招引，围绕智能电网补链、强链、扩链，大力推进重大项目招引工作，定期进行督查通报，带动产业不断壮大。

基地不断进行技术创新推动产业升级。建成了西安交大智能电网技术与装备研究院等一批新兴产业公共研发和检测平台。江苏盛华电气研制的单台750千伏试验变压器刷新绝缘试验变压器的新纪元，填补了我国在高海拔条件下绝缘桶式试验设备的空白。围绕企业在科技创新过程中对技术、成果和人才的需求，积极推进与国内外高校院所的产学研合作，联合设立高校院所研发中心、创新中心，开展项目联合攻关、人才引进和培养、科技成果转化等方面合作。

案例 8　深入实施基地创新创业，做大做强优势产业

国家火炬盘锦石油装备制造特色产业基地加大对装备制造企业升级发展的政策支持，鼓励企业创新发展，引导企业实施信息化、智能化改造，支持企业开发新的商业模式和业态。

案例 8　深入实施基地创新创业，做大做强优势产业

——国家火炬盘锦石油装备制造特色产业基地

国家火炬盘锦石油装备制造特色产业基地采取"园中园"发展模式，实现电子信息、新能源装备、新材料等战略性新兴产业从无到有、从单兵作战到集群式发展的飞跃。中蓝电子、福瑞电子、海兴科技等一批高成长的科技型企业，实现电子信息、物

联网、新材料等新兴产业领域"多点开花",填补多项东北产业空白,现已成为推动高新区转型升级的重要力量。

围绕石油装备、石油化工、新兴产业三大产业培育龙头核心企业,带动产业链,推动优势产业集聚发展。一是支持长城钻探、陕汽金玺、辽宁天意、辽河石化、北方沥青、大力集团、禹王防水、中蓝电子等拥有核心技术的企业成为行业领军型企业,吸引带动上下游产业形成产业集群;二是积极引进国内石油装备上市公司和龙头企业,进一步整合盘锦市石油装备制造产业,加快产业升级,提高基地核心竞争力。推进孵化器提质升级,力争由综合服务型孵化器逐步转化为专业服务型孵化器。完善科技项目储备,提前做好孵化政策制定、孵化项目转移和科技项目引进等工作。以企业创新为主体,发展各类创新载体,坚持政策引人才、平台聚人才、产业兴人才、环境留人才,努力打造人才创新的事业发展平台。

(二)创新驱动促进传统产业转型

在经济社会呈现高速发展态势的背景下,基地借助科技创新的力量推动传统产业转型升级发展是促进我国经济社会稳定发展的重要手段。因此,在全面把握时代特点的基础上,应该对科技创新驱动传统产业转型升级发展的措施进行分析,积极引导基地在科技创新的作用下真正实现传统产业转型升级发展目标,为我国经济建设活动创造良好的条件。

案例9 传统产业高新化,高新技术产业化

国家火炬长兴无机非金属新材料特色产业基地以传统制造业"机器换人"省级试点为抓手,以装备自动化、智能化为改造重点,全面实施非金属矿物制品"机器换人"三年行动计划,启动水泥、粉体、耐火材料等行业装备再升级。

案例9 传统产业高新化,高新技术产业化

——国家火炬长兴无机非金属新材料特色产业基地

无机非金属新材料技术和产业的发展对我国传统产业改造与升级乃至对国民经济

可持续发展都起着举足轻重的作用。随着科学发展和技术进步，出现了许多具有优异性能的新型无机非金属材料。

国家火炬长兴无机非金属新材料特色产业基地已成为县域经济发展的重要助推器，对长兴县经济和社会发展起到显著的支撑作用，带动了长兴及周边地区的无机非金属新材料产业的快速健康发展。长兴县作为浙江省为数不多的建材大县，非金属矿物制品业历史悠久，是该县传统优势产业之一。

近年来，长兴县以"两山"理论为引领，以"绿色制造""智能制造"为两大切入点，持续深化细分行业改造提升，加速产业结构布局战略调整，大力实施清洁化、自动化改造，非金属矿物制品业"量质齐升"，取得积极成效。

目前，在产品的技术层面上，无论是功能材料还是结构材料，都已开发出一系列的高新技术产品，技术达到或处于国内领先水平。

长兴以传统制造业改造提升省级试点建设为契机，全面推进产业结构布局调整，深入实施水泥、玻璃、耐火、粉体行业智能化、绿色化改造，稳步推进南方水泥战略布局调整，提升产业集聚度，拓展企业产品领域，推动产业结构优化和产品升级，着力打造绿色、环保、节能、安全的现代化非金属矿物制品制造业发展体系。

案例10　加速产业结构调整，提高企业核心竞争力

国家火炬盐都齿轮制造特色产业基地积极创新管理模式，发挥现有骨干企业的带动作用，推动传统产业转型升级。

案例10　加速产业结构调整，提高企业核心竞争力
——国家火炬盐都齿轮制造特色产业基地

国家火炬盐都齿轮制造特色产业基地以大企业带动小企业的服务模式，实现大小企业双效互利，从而积极推动基地传统企业转型，培育战略性新兴齿轮产业，优化整个基地的经济结构，使得基地内传统产业逐步转变为新兴产业。基地建立至今，始终

坚持传统产业的转型升级，提高基地内产品的附加值和核心竞争力，注重优化经济结构。基地管理部门积极为企业配套做健全的科技服务体系、金融支持以及政策支持。

基地始终将齿轮、齿轮变速箱、农机齿轮、通用齿轮等产品作为齿轮特色产业基地的主导产品，坚持不断创新，有力提升了产业核心竞争力，促进了产业的健康发展。其中江苏新海科技发展有限公司与南京林业大学合作建立江苏省研究生工作站，采用产学研合作的方式，提升企业产品的整体质量，使得企业在市场中具有核心竞争力，保证了企业的长期可持续发展。同时基地也十分重视企业产品的知识产权，始终引导企业将主要产品申报知识产权，保障企业的专利保护，使得主要产品在国内市场乃至国外市场都有专利支撑。建立健全同各相关单位协同招商、促进项目落地的方式和模式。继续主动对接市直各部门和各区相关部门，共同完善空间载体、招商政策、协调解决困难等工作机制，更好、更快地推动项目落地。

三、凸显产业全链条发展效应

围绕构建现代化经济体系，着力发展具有引领性的高端产业，基地引进和培育一批重大项目，目前新一代信息技术、人工智能、生物医药和新能源、新材料等主导产业已经形成集聚发展效应。

（一）释放龙头活力，带动基地聚集发展

在深入推进基地产业集约化、集群化、集成化发展过程中，骨干企业是基地建设和发展的主体，各基地积极培育产业关联度高、主业突出、创新能力强、带动性强的重要骨干企业。

据统计，2018 年基地中，连续 5 年入统基地骨干企业的数量共有 6299 家，占基地企业总数的 4.1%；骨干企业的从业人员达到 324.6 万人，占基地从业人员总数的 34.2%，比 2014 年新增 39.1 万人；骨干企业实现工业总产值 56061.0 亿元，占基地工业总产值的

59.1%，比 2014 年增加 7480.3 亿元，具体情况如表 2 - 2 所示。

表 2 - 2   2014～2018 年特色产业基地骨干企业汇总

年份	2014	2015	2016	2017	2018
骨干企业总数（家）	5428	5040	5477	5899	6299
骨干企业从业人员总数（万人）	285.5	281.1	295.9	306.3	324.6
骨干企业工业总产值（亿元）	48580.7	49928.0	52479.3	54348.4	56061.0

注：表中统计数据为 2014～2018 年可比数据（344 家基地）。

特色产业基地的发展离不开企业的成长与进步，尤其是基地内骨干企业的发展。2018 年，344 家基地骨干企业只占基地企业总数的 4.1%，工业总产值却占到基地工业总产值的 59.1%，基地接近 6 成的经济效益都是由骨干企业带动增长的。基地骨干企业的良性发展对形成以骨干企业为核心纽带的全产业链格局，带动基地人才、技术、产业的可持续发展有着重要的影响。

案例 11   建立健全产业链体系，助推基地发展壮大

国家火炬荆门高新区再生资源利用与环保特色产业基地依托国家"城市矿产"示范基地，紧贴"绿色、低碳、循环"主题，努力打造再生资源循环利用、高端环保装备制造、绿色环保技术服务等产业，形成废旧金属及电子废弃物循环利用、废旧矿物油资源循环利用、餐厨油脂综合利用以及环保治理、环保服务等产业创新技术和产品，形成产业集聚效应。

案例 11   建立健全产业链体系，助推基地发展壮大

——国家火炬荆门高新区再生资源利用与环保特色产业基地

经过近几年的发展，国家火炬荆门高新区再生资源利用与环保特色产业基地以格林美为龙头，推进"城市矿山＋新能源材料"双轮驱动，打造了"电子废弃物循环利用、废旧电池与动力电池材料大循环、报废汽车综合利用、钴镍钨资源回收与硬质合金生产、环保治理"五大循环产业链。

一是构建"1＋N"废旧电池回收利用网络，形成了电子废弃物、报废汽车、废旧家电、废旧有色金属资源等循环利用体系，建成了世界先进的电子废弃物全自动化分类与拆解生产线；二是构建"电池回收—原料再造—材料再造—电池包再造"的动力电池全生命周期价值链，形成了动力电池从报废端到消费端的大循环体系；三是实现了 25 种稀缺资源循环利用，其中回收利用钴资源与中国原钴开采量相当，循环再造的超细钴镍粉占中国市场的 60% 以上，产品进入国际一流公司力拓的产品供应链，荆门格林美成为中国最大的超细钴镍粉末制造商。2018 年，格林美（荆门）循环产业园产值突破 100 亿元，是荆门第一家产值过 100 亿元的民营企业。

（二）上下游企业联动，产业聚集效应凸显

特色产业基地积极营造良好的创新创业环境，吸引和集聚产业链相关企业，企业数量呈现逐步上升的趋势，集群效应明显。按照可比数据统计，2014～2018 年，特色产业基地企业总数由 2014 年的 114847 家增长到 2018 年的 154385 家，较 2014 年增加了 39538 家，增长比例为 34.4%，年均复合增长率达到 7.7%，企业数量汇总情况如表 2－3 所示，其增长趋势如图 2－1 所示。

表 2－3　2014～2018 年特色产业基地企业数量汇总　　　　　　　　　　单位：家

年份	2014	2015	2016	2017	2018
企业总数	114847	118982	131110	141022	154385

注：表中统计数据为 2014～2018 年可比数据（344 家基地）。

由图 2－1 可知，自 2016 年开始，企业数量增长趋势加快，从 131110 家增长到 2018 年的 154385 家，特色产业基地企业聚集实现了量的突破。特色产业基地逐步形成了以主导产业为牵引，吸引相关企业入驻基地，完善全产业链条的发展格局。特色产业基地围绕特色产业，积极集成各方资源和力量，以科技创新和体制机制创新为驱动力，以培育发展具有较高技术含量、较强市场竞争力，特色鲜明、优势明显的产业为目的，载体平台等硬件建设与创新文化等环境建设相结合，构建具有较完备支撑和服务功能的产业集聚区，从而带动企业实现健康、可持续发展。

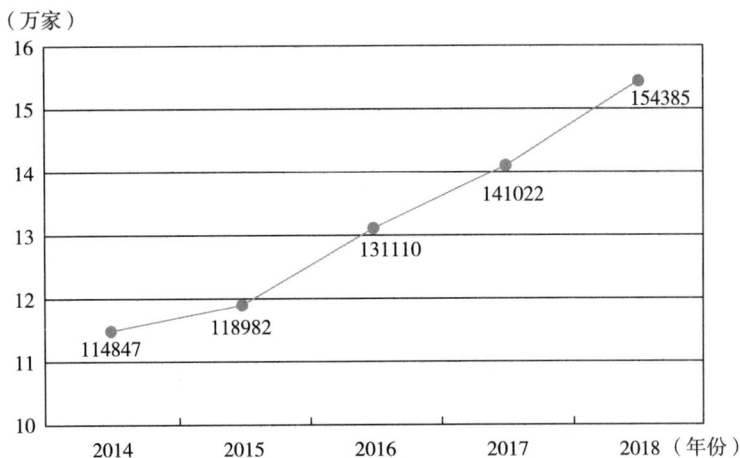

图 2-1 2014~2018 年特色产业基地企业增长趋势

中小企业是我国经济和社会发展中的一股重要支撑力量，在确保国民经济稳定增长、缓解就业压力、拉动民间投资、优化经济结构、促进市场竞争、推进技术创新、促进市场繁荣、方便群众生活、保持社会稳定等方面具有不可替代的地位和作用，因此培育中小企业的发展也是基地发展的重要任务。2017 年《科技型中小企业评价办法》（国科发政〔2017〕115 号）出台后，依托一定数量的科技人员从事科学技术研究开发活动，取得自主知识产权并将其转化为高新技术产品或服务，从而实现可持续发展的中小企业称为科技型中小企业。2018 年科技型中小企业数在 100 家以内的基地占整个火炬基地数量的 56.0%；拥有 101~200 家、201~500 家企业总数的基地分别占火炬基地数量的 3.0% 和 1.4%；企业总数 500 家以上的基地有 4 家，具体情况如图 2-2 所示。

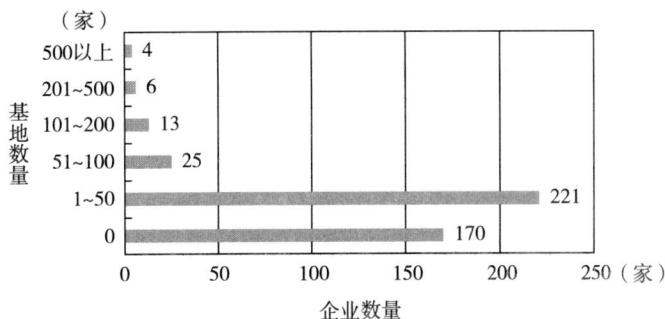

图 2-2 2018 年特色产业基地科技型中小企业数汇总

案例 12　优化基地产业布局，聚集发展规模效应

国家火炬常熟汽车零部件特色产业基地紧抓创新驱动发展战略，在全市实施科技体制综合改革的背景下，以高质量发展为引领，加快科技创新和转型发展，为常熟市经济发展提供了有力的支撑。

案例 12　优化基地产业布局，聚集发展规模效应
——国家火炬常熟汽车零部件特色产业基地

基地产业链条加快补齐补强，适应汽车产业"智能化、绿色化、轻量化、网联化"发展方向，打通从汽车轻量化新材料、高性能电池、电机及电控到智能驾驶关键部件、车载互联等方面的全产业链。瞄准世界品牌的新能源汽车整车及零部件企业，努力向产业链高端和顶端突破，科力美电芯、三菱汽车驱动电机、法雷奥西门子车用逆变器、延锋安道拓研发中心、马勒新能源驱动电机等一大批优质项目先后落户。编制产业路线图，全力培育以汽车"四化"技术为方向的"一区一战略产业"。

有效整合现有零部件产业资源，发挥产业集聚的规模效应，促进产业链纵深拓展，形成集汽车研发、设计、制造、检测、销售于一体的全产业链。

（三）科技创新引领，大力培育高新技术企业

特色产业基地建设不断引导和激发企业自主创新热情，提高企业科技创新能力，高新技术企业培育工作取得了显著的成效。2014～2018 年，基地内高新技术企业数量快速增长。

2014 年，344 家基地企业数 114847 家，高新技术企业数 8303 家，高新技术企业占到总数的 7.2%；2018 年 344 家特色产业基地内共集聚 154385 家企业，高新技术企业总数达到 13186 家，高新技术企业占到总数的 8.5%，高新技术企业占比提高了 1.3 个百分点，具体情况如表 2－4 和图 2－3 所示。

表 2－4　2014～2018 年特色产业基地高新技术企业汇总　　　单位：家

年份	2014	2015	2016	2017	2018
高新技术企业总数	8303	8836	9687	11178	13186

注：表中统计数据为 2014～2018 年可比数据（344 家基地）。

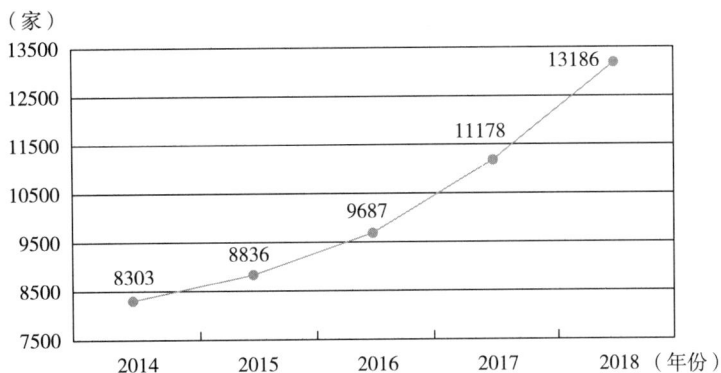

图 2－3　2014～2018 年特色产业基地高新技术企业增长趋势

　　特色产业基地内高新技术企业数量增加，在产品创新、技术研发上优势增大，企业整体素质得到进一步提升。按 344 家特色产业基地可比数据统计，2014 年的基地内高新技术企业 8303 家，2018 年基地内高新技术企业总数达到 13186 家，比 2014 年增加了 4883 家，增长比例为 58.8%，2014～2018 年，基地内高新技术企业年均复合增长率为 12.3%，总体上呈现稳步增长的趋势。

案例 13　积极出台补助政策，重点跟踪培育高新技术企业

　　国家火炬本溪中药科技特色产业基地积极出台政策助力企业发展，打造产业规模超千亿元的生物医药产业集群。同时，建设一座以生命健康产业为支撑的绿色生态新城，承担起辽宁省培育生物医药战略新兴产业和本溪市产业结构调整、资源型城市转型的重要使命。

案例 13　积极出台补助政策，重点跟踪培育高新技术企业

——国家火炬本溪中药科技特色产业基地

基地筛选出本年度重点种子企业，进行科技型企业的政策宣讲、知识产权保护，并在企业研发管理水平、成果转化、企业成长性等方面进行重点跟踪培育。并积极争取出台了《本溪高新区鼓励认定高新技术企业的补助政策》，对新申报及复审的高新技术企业和科技型中小企业给予补贴。全年新培育高新技术企业 7 家，基地高新技术企业总数将达到 39 家，占全市高新技术企业总数的 2/3。累计培育科技型中小企业 33 家，占全市科技型中小企业总数的 47%。

（四）加大品牌带动，上市企业发展成效显著

培育和推进企业上市对增强区域经济活力、促进产业转型升级具有重要作用。推动特色产业基地内企业上市或引入上市企业入驻基地，对增强基地企业创新发展的动力、发挥上市企业的品牌效应、带动基地竞争力全面提升等具有较强的示范意义。

按 344 家特色产业基地可比数据统计，特色产业基地上市企业数量呈逐年增长态势。从 2014 年的 614 家发展到 2018 年的 1074 家，增长率达 75.0%。2014～2018 年，基地内上市企业年均复合增长率为 15.0%，具体情况如图 2-4 和表 2-5 所示。

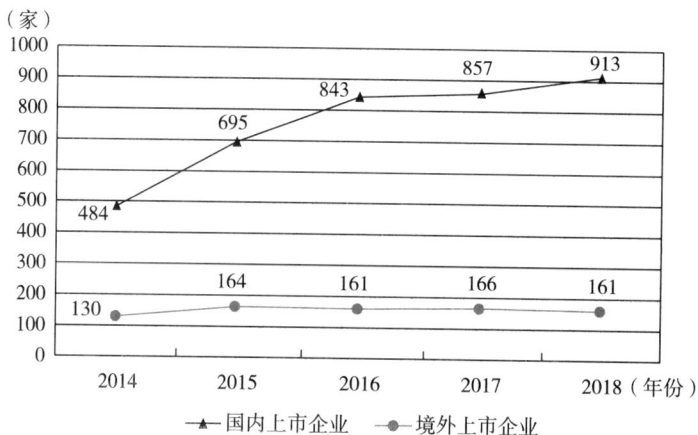

图 2-4　2014～2018 年特色产业基地上市企业数量增长趋势

表 2-5 2014~2018 年特色产业基地上市企业情况汇总　　　　单位：家

年份	2014	2015	2016	2017	2018
国内上市企业	484	695	843	857	913
境外上市企业	130	164	161	166	161
合计	614	859	1004	1023	1074

注：表中统计数据为 2014~2018 年可比数据（344 家基地）。

2014~2018 年，国内上市企业数量呈现每年上涨态势，增长最明显的是 2015 年，高出 2014 年 43.6%；境外上市企业数量有一定起伏，2014~2015 年国内外上市企业数量增长明显，2016~2018 年境外上市企业数量略有波动，总体与 2015 年基本持平，2018 年比 2014 年增加了 23.8%。

案例 14　发挥上市企业的品牌效应，带动基地竞争力全面提升

国家火炬东阳磁性材料特色产业基地打响中国磁都品牌，争创世界磁都。力争通过五年的努力，把东阳市磁性材料产业打造成在技术、管理、制造工艺、产品质量及产品档次等方面引领国内外市场的领导性产业基地，提升产品的市场竞争力。以大平台、大产业、大项目、大企业培育为导向，以工业化和信息化深度融合工作为抓手，建设机器联网、厂际联网，打造具备较强自主研发能力、产业结构合理、管理先进、产业自动化的磁性材料产业转型升级先行区。

案例 14　发挥上市企业的品牌效应，带动基地竞争力全面提升

——国家火炬东阳磁性材料特色产业基地

基地积极探索产学研合作的创新体制建设，鼓励基地内企业与高校院所进行不同形式的合作。依托现有的省级企业研究院、研发中心、院士工作站、博士（博士后）工作站等机构，招引磁性材料创新研发人才，实现产学研无障碍对接，构建隶属于基地的磁性材料创新体系。

在产业基地内，上市公司横店集团东磁股份有限公司作为龙头企业的作用十分明

显，成为基地企业不同磁体产品的领头羊，带动和引领企业错位竞争、差异发展，抢占技术和市场高地，积极发挥上市公司的品牌影响力。其生产的高性能永磁铁氧体9、12 系列，代表世界先进水平，在很多应用领域。替代昂贵的钕铁硼磁体，也打破了日本企业对钕铁硼专利的垄断。这些产品广泛应用于汽车、计算机、通信等领域。

四、完善创新服务体系及平台建设

实施开放创新战略，加快构建以产业创新联盟为纽带、以公共服务平台为支撑，全社会企业、机构和人才积极参与的创新创业生态系统，形成集技术创新服务、成果转化服务、创业孵化服务和科技金融服务于一体的创新创业服务体系，为基地企业发展提供全方位支撑。

（一）全面推动各类创新平台建设

依托特色产业基地，建立形式多样的创新平台，集聚产业优质创新资源，促进企业的成果转化。

1. 基地研发机构数量保持逐年增长

截至 2018 年，344 家基地共有国家工程技术中心 209 个，比 2014 年增长了 1.5%；国家工程研究中心 143 个，比 2014 年增长了 27.7%；省级企业技术中心 2193 个，同比 2014 年增长了 43.4%；市级企业技术中心 7497 个，同比 2014 年增长 22.3%；企业博士后工作站 1059 个，同比 2014 年增长 26.2%；产品检验检测平台 966 个，同比 2014 年增长 21.5%。2014～2018 年，特色产业基地各研究机构总体呈现积极增长态势。表 2－6 清晰地表达了 2014～2018 年特色产业基地研发机构的发展情况。

2. 科技创新服务体系逐步完善

依托特色产业基地，推动建立和发展孵化器等公共服务平台，为基地内广大中小企业在技术咨询、分析测试、产品开发、人才培训等方面提供了大量的科技服务。表 2－7 清晰地反映了 2014～2018 年 344 家特色产业基地服务机构的发展情况。

表2-6　2014~2018年特色产业基地研发机构汇总　　　单位：个

年份	2014	2015	2016	2017	2018
国家工程技术中心	206	209	209	209	209
国家工程研究中心	112	123	128	142	143
省级企业技术中心	1529	1611	1763	1883	2193
市级企业技术中心	6128	6421	7140	7332	7497
企业博士后工作站	839	889	937	990	1059
产品检测检验平台	795	844	862	941	966

注：表中统计数据为2014~2018年可比数据（344家基地）。

表2-7　2014~2018年特色产业基地服务机构汇总　　　单位：个

年份	2014	2015	2016	2017	2018
基地内服务机构	3354	3599	3730	4085	4085
其中：科技担保机构	451	481	496	503	503
行业组织	493	521	587	602	684

注：表中统计数据为2014~2018年可比数据（344家基地）。

通过对表2-7的分析，可以看到，特色产业基地内服务机构、科技担保机构和行业组织数量均呈现逐年增长态势，服务体系逐步完善。2018年特色产业基地内服务机构4085个，同比2014年增长了21.8%，其中科技担保机构503个，同比2014年增长11.5%，年均复合增长率为2.8%；行业组织684个，同比2014年增长38.7%，年均复合增长率为8.5%。国家"大众创业、万众创新"政策的推出起到了重要的推动作用。

3. 对服务机构的公共投入保持基本稳定

344家基地发展数据统计，2014~2018年用于支撑服务机构的公共投入总计达到2507.5亿元，创新环境不断优化，有效地促进了基地企业的可持续发展，具体情况如表2-8所示。

表 2 - 8　2014~2018 年特色产业基地用于支撑服务机构的公共投入情况　单位：亿元

年份	2014	2015	2016	2017	2018
用于支撑服务机构的公共投入	604.2	464.5	471.0	494.1	473.7

注：表中统计数据为 2014~2018 年可比数据（344 家基地）。

创新服务平台提供了基础设施及科技创新资源的共享，紧紧围绕基地优势产业链建设科技创新链，促进创新资源的优化配置、开放共享和金融等各类资源的结合，加快产业结构转型升级，推动高新技术产业聚集发展，提升创新人才数量和水平，提高全社会创新能力，实现新型工业化和可持续发展的目标。

案例15　构建科技服务平台，提高自主创新能力

国家火炬青岛橡胶行业专业化科技服务特色产业基地加强公共平台建设，创新平台建设成效显著。为基地内企业提供充足科研平台、技术、人才、创业导师及协同创新发展大环境的支持，搭建橡胶与轮胎全产业链协同创新研发服务平台，形成上下游企业产品研发协同设计，降低产业链整体的研发成本，有效实现协同增效。

案例15　构建科技服务平台，提高自主创新能力

——国家火炬青岛橡胶行业专业化科技服务特色产业基地

基地以青岛市市北区政府为主要指导单位，橡胶谷集团有限公司作为日常运营管理机构，依托基地内中国橡胶行业的"黄埔军校"——青岛科技大学，以众研网科技服务平台为支撑，为中小微企业提供全方位的任务众包、成果转化、检验检测、管理培训、企业孵化、人才众筹等服务。

截至 2018 年底，基地已集聚了 2 万余项技术成果，并纳入项目资源库，完成企业、高校与研究院所之间技术转移工作 12 项，完成 70 项检验检测业务，完成 ISO9000、国际认证等项目 16 项，组织实施人才对接活动近 20 个，为 40 多家行业内企业开展了专业人才猎聘工作。

案例16　着力集聚创新资源，推进创新平台建设

国家火炬淮安盐化工特色产业基地加快集聚创新资源，推进产业向更高层次跨越。坚持"高端、绿色、循环、集约"的发展导向，按照"高端切入、终端优先、链式招引、绿色发展"思路，全力聚焦芳纶、聚氨酯、氟硅新材料、电子化学品等新材料、新兴战略产业，委托中国石化联合会编制战略性研究报告，建立重点项目信息库。

案例16　着力集聚创新资源，推进创新平台建设
——国家火炬淮安盐化工特色产业基地

基地推进创新平台建设。主动对接中科院兰州化物所、北京化工大学、天津大学、南开大学等全国一流高校院所，在基地设立高层次研发机构。加快提升淮安盐化新材料产业研究院、芳纶研究院建设水平以及氟硅新材料、电子化学品研究院建设。按照苏发〔2018〕24号文件精神，推进创新中试基地和孵化器建设。

初步形成了"两碱一盐"、氯化铵等基础化学品，聚醚、聚氨酯等特殊功能材料，农药、医药等精细化工，橡胶助剂、光稳定剂等专用化学品以及香精香料五大产品门类。建成了国家级盐化工产品质量监督检验中心、江苏省盐化工新材料工程实验室和中科院兰州化物所淮安研究中心、南京大学淮安研究院等一批研发创新平台，基地90%以上的企业建有自己的研发机构。全面推进产学研合作，组建成立了盐化新材料产业联盟，成功举办了盐化新材料技术成果转移、微通道反应器技术推介等多场供需专题对接活动。主动对接清华大学、南京大学、上海交通大学、华东理工大学、中科院大连化学生物所等全国一流高校院所，推进产学研联合，人均技术合同交易额大幅提升。

案例17　加强创新平台建设，形成良好创新氛围

国家火炬黔东南州苗侗医药特色产业基地建设工作紧张而有序地开展，产业快速发展，创新创业范围浓厚，形成了具有黔东南特色的苗侗医药产业发展体系，建设成效显著。

案例 17　加强创新平台建设，形成良好创新氛围

——国家火炬黔东南州苗侗医药特色产业基地

基地先后建设了黔东南州民族医药研究院制剂中心、西南地区药用植物种苗繁育国家地方联合工程研究中心、贵州省中药材种子种苗工程研究中心、贵州省现代农业（中药材）产业技术体系"黔东南综合试验站"、黔东南苗药综合利用工程技术中心等平台。依托黔东南民族医药研究院、各县市苗侗医药研究机构和企业，建立了一批名老苗侗医药专家传承工作室，建立了"苗侗民族医药专家（传承人才）库"，提升了企业技术创新能力和产业核心竞争力。积极培育建设一批工程技术研究中心、企业技术中心、科技企业孵化器等科技创新创业平台，支持企业进行自主研发和引进技术消化、吸收、再创新。

（二）产学研合作步伐进一步加快

近年来，基地始终坚定不移地把创新驱动发展战略作为核心战略，通过引进高端产业项目和人才、建设新型研发机构、培育高新技术企业集群，全力推动各种创新要素高端聚集、高度聚集、高速聚集。

案例 18　强化产学研技术创新体系，拓展内外合作网络

国家火炬济南章丘有机高分子材料特色产业基地建立以企业为主体、市场为导向、产学研相结合的技术创新体系，形成自主创新的基本体制架构。

案例 18　强化产学研技术创新体系，拓展内外合作网络

——国家火炬济南章丘有机高分子材料特色产业基地

基地企业与中国科学院（化学所、理化所、宁波材料所、青岛过程所）、清华大学、山东大学、白俄罗斯国家科学院、德国弗劳恩霍夫应用研究促进会等国内外 60 余所大学院所进行了战略和技术合作。

区政府与山东省科学院等科研院所建立了产学研合作基金，将产学研联合从简单的技术转让，向合作开发、委托开发、共建研究开发机构和产业化实体等深层次方向发展，建立了科技金融风险补偿基金，知识产权质押和动产质押融资等制度。山东技师学院等大学科研院所在基地企业圣泉集团、晋煤明水化工举办的硕士班、继续教育班、技工班，为基地培养了大批研发、管理、技术人才。

案例19 全方位开展产学研合作，促进科技成果转化

国家火炬南通如皋新能源汽车特色产业基地大力开展产学研合作，支持高校和科研机构在新能源汽车基础应用研究和前沿技术领域开展合作研究。大力实施"创新驱动、特色发展"战略，形成以企业研发平台为主体，以公共研发平台为支撑的科技创新体系。

案例19 全方位开展产学研合作，促进科技成果转化
——国家火炬南通如皋新能源汽车特色产业基地

基地与上海机动车检测认证技术研究中心对接，合作共建"国家级氢能检测中心"；与吉林大学开展产学研合作，成立吉林大学（如皋）新能源汽车产业研究院；对接江苏省汽车工程协会，联合省内多所高校及企业发起成立"江苏省氢能及燃料电池汽车产业创新联盟"，为区域氢能发展提供技术、研究和服务支撑。以绿色发展为中心，以资源整合为主线，以高新技术和高端人才为支撑，强化政策引导，突出产业招商，推进环境整治，狠抓安全责任落实，全力推进传统产业转型升级。

同时，积极对接清华大学筹划共建氢能战略研究院，对接同济大学、北京低碳清洁能源研究院、省产业技术研究院共同筹建氢能产业协同创新中心，积极谋划推进"氢能与燃料电池产业研究院""氢能产业园科技孵化中心"等多个创新孵化载体项目，提升公共服务平台对产业支撑能力和水平，不断加大引智引资，积极开展产学研协同创新。加大对科技型中小企业的政策和财税扶持力度，为中小企业的成长营造良好的市场环境，并建立完善的社会化服务体系，着力提升中小企业的创新能力，推进产学研合作，建立共性技术服务平台，为企业自主创新提高技术服务，带动中小企业蓬勃发展。

（三）促进科技与金融的深度融合

科技创新已经成为现代经济竞争的核心，更是新常态下我国经济可持续发展的动力引擎，金融是现代经济的"血液"，是实现科技创新驱动的一个重要条件，实现科技与金融的有效融合，完善金融支持科技创新的新途径，有利于科技型企业赢得更大的发展机遇，推动科技创新型企业从经济发展的生力军成长为主力军，现代经济的结构转型和快速发展更需要科技与金融的融合发展，从而实现全面的创新驱动，这样的创新才能有效促进经济增长。

案例 20　全方位立体科技金融支持体系，完善金融服务环境

国家火炬清远高性能结构材料特色产业基地积极适应新常态，抢抓新机遇，以产业发展和科技金融创新为主线，为推动基地内的企业创新发展提供了强大的科技动力。

案例 20　全方位立体科技金融支持体系，完善金融服务环境
——国家火炬清远高性能结构材料特色产业基地

基地与已有的建设银行、农商银行等金融机构开展科技金融合作，向基地企业推广金融机构的科技金融业务。正式启动三只产业基金（广东粤科清远创新创业投资基金、清远高新区华科创投基金、清远高新区天安产业投资基金），总规模达 14.55 亿元，开创了清远市产业基金的先河，逐步形成"科技银行＋融资担保＋政策补助＋产业基金"全方位立体科技金融支持体系。目前，三只产业基金均已成功落地，首期规模 1.55 亿元。同时，积极促进知识产权与金融资本整合，支持基地企业采取知识产权质押融资贷款方式获得银行贷款，促进基地知识产权服务机构与银行合作推出专利快贷等业务，为中小型科技型企业提供服务，基地科技服务体系进一步完善。

案例 21　设立科技孵化风投基金，形成创新创业金融环境

国家火炬克拉玛依高新区石油石化特色产业基地积极引进国内外创投、风投及基金管理公司、银行、小额贷款、金融租赁等多种形态的金融机构和信用评估机构、律师事务所、会计师事务所等金融中介机构，完善金融创新奖励评价机制。

案例 21 设立科技孵化风投基金，形成创新创业金融环境

——国家火炬克拉玛依高新区石油石化特色产业基地

基地着力加强科技金融体系建设，设立了"广翼贷"金融平台、扶持企业上市改制的专项资金以及新疆第一只科技孵化、风投基金——昆仑卓越基金，基金总规模1.2亿元，建立了完善的风险评估及控制体系，与大连化物所、上海工程技术中心、利兹大学、法国里昂大学等国内外知名大专院校建立了紧密联系，为基金提供源源不断的高精尖技术支持。截至2018年，基金投资两家初创型技术公司，撬动社会资本科研投入近8000万元。在各项政策及资金扶持下，高新区企业贝肯能源已于A股上市，金牛能源、华澳能源、三达新技术等十家公司在新三板、新疆股权交易中心等板块挂牌交易。加大基金支持范围向智能装备制造、节能环保、"互联网＋"等领域的延伸。依法依规引导企业、社会加大科技创新投入，以基金联合、股权入资、成果产权合作及重大科技项目等多种方式参与创新合作。

案例 22 定期举办科技金融洽谈会，保障企业发展资金

国家火炬莱芜粉末冶金特色产业基地按照高质量发展要求，集中力量、集中资源、集中要素、着力推进重点产业集群快速发展，尽快形成龙头带动、链条完善、规模扩张、竞争力强的产业发展格局。

案例 22 定期举办科技金融洽谈会，保障企业发展资金

——国家火炬莱芜粉末冶金特色产业基地

基地定期举办科技金融洽谈会，会同市金融办、莱芜银监局举办了产业振兴提升银企合作推进会，向金融机构推介粉末冶金领域高新技术项目9个，签约银行授信贷款3亿元。发挥好两家科技特色业务支行作用，为基地内企业的发展提供了资金保障。同时积极探索专利股权质押融资路子，积极向金融机构推介粉末冶金专利优势企业13家。

（四）完善金融体系助力企业发展

2018 年末拥有金融服务机构数在 50 家以内的基地占整个火炬基地数量的 43.1%，拥有金融服务机构 50 家以上的基地有 8 家，具体情况如图 2 - 5 所示。

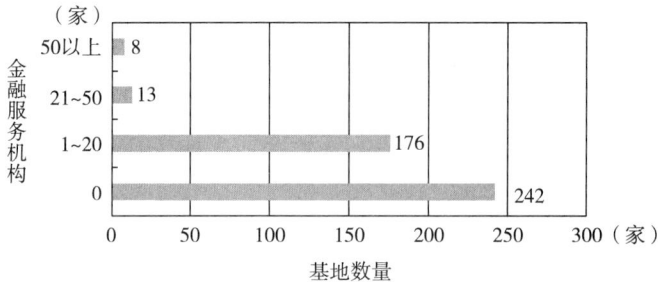

（家）

金融服务机构

50 以上	8
21~50	13
1~20	176
0	242

基地数量

图 2 - 5　2018 年特色产业基地金融服务机构数量

基地持续推进普惠金融工作以来，努力实现金融服务惠全民，融入普惠金融改革，完善现代金融体系，助力实施企业振兴战略，助推大众创业、万众创新，加速产业转型升级，为基地高质量发展注入新的活力。

案例 23　构建"投、保、贷、管"四位一体企业金融服务平台，助推科技金融发展

国家火炬东海硅材料特色产业基地通过要素优先保障、政策量身定制、服务绿色通道等措施，按照建设现代企业制度的要求，扶持和培植一批主业突出、品牌响亮、竞争力强的新材料龙头骨干企业，发挥其产业辐射和示范引领作用，鼓励和支持新材料企业充分利用中小板、创业板市场上市融资。加强与龙头企业在生产、质量、标准、管理等方面的协作和融合，完善产业集群分工协作体系。

案例 23　构建"投、保、贷、管"四位一体企业

金融服务平台，助推科技金融发展

——国家火炬东海硅材料特色产业基地

基地建立科技金融管理服务中心，进一步发挥综合金融服务功能，初步形成"投、保、贷、管"四位一体企业金融服务平台。结合东海县现有各硅材料信息平台建设金

融服务信息平台，为科技企业提供符合其发展的融资方案，开展科技金融或创业投资项目对接。2018年备案"苏科贷"贷款项目29项，备案金额达9810万元，同比增长24%，遥居江苏县区之首，极大缓解了中小企业资金困难的问题。

案例24 拓宽企业融资渠道，创新"引导基金＋直投基金"运作模式

国家火炬烟台经济技术开发区生物与新医药特色产业基地以科技金融等政策为支撑，建立完善政策绩效评价机制，形成"1＋N"政策体系，统筹优势资源，推动重点产业、核心企业和关键领域突破发展，为基地企业提供强有力的政策支持和环境。探索建立集企业主体、政府引导、学研输出、金融助力、中介服务于一体的融合发展体系，实现政校企资全面合作，产学研用协同创新，经济发展成果共享机制。围绕创新链优化资金链，做强主体、做优载体、做大群体，深层次推动科技与产业高水平融合发展。

案例24 拓宽企业融资渠道，创新"引导基金＋直投基金"运作模式

——国家火炬烟台经济技术开发区生物与新医药特色产业基地

基地成立了工商银行开发区科技金融特色支行、青岛银行开发区科技支行等5家科技金融专营机构，进一步完善信贷风险分担和贴息机制，推动相关银行开展科信贷、成果贷、人才贷等信用贷款创新业务，目前已为相关企业发放贷款近2亿元；发挥政府引导基金杠杆撬动和示范引领作用，创新"引导基金＋直投基金"运作模式，目前引导基金已投资区内科技企业8家、直接投资额1.04亿元，带动社会资本投资12亿元。建立集企业主体、政府引导、金融助力、中介服务为一体的融合发展体系。

五、高效配置各类创新资源要素

"全面深化科技体制改革，提升创新体系效能，着力激发创新活力。"在中国科学院第十九次院士大会、中国工程院第十四次院士大会上，习近平总书记发表重要讲话。加强创新驱动系统能力整合，打通科技和经济社会发展通道。改革的深化，不断释放创新潜能，加速聚集创新要素，提升了国家创新体系整体效能。在政府引导、政策支持、人才聚集、资本投入等多方面支持下，基地创新创业环境持续优化。通过组织社会科技资源和科技力量，为基地企业提供技术、信息、管理和投融资等服务，促进知识、技术转移和人才流动，降低创新成本，化解创新风险，提高创新效率，加速科技成果向现实生产力转化。

从全国各省市地区基地建设的情况来看，基地在依托特色优势产业建设人才高地，加强人才引进培养体系建设，规范人才管理，加强人才保障，加快创新人才集聚，实施区域特色人才项目，吸收高层次创新人才参与基地发展等多个方面取得了显著的成效。

以 344 家基地发展数据分析，2018 年，特色产业基地从业人员总数为 948.3 万人，其中企业研究开发人员 100.5 万人，同比 2014 年增长 14.9%，占从业人员总数的 10.6%；拥有大专及以上学历人员总数为 329.5 万人，同比 2014 年增长 11.8%，占从业人员总数的 34.8%。数据显示，特色产业基地内博士及硕士数量呈发展态势，硕士人数发展较为迅速。2018 年，基地内博士人数达 2.4 万人，同比 2014 年增长 26.3%，占大专学历总人数的 0.7%；基地内硕士人数达 15.8 万人，同比 2014 年增长 41.1%，占大专学历总人数的 4.8%，基地人才结构持续优化，高学历人才队伍越来越壮大，具体的基地从业人员情况如表 2-9 所示。

表 2-9　2014~2018 年特色产业基地从业人员汇总

年份	2014	2015	2016	2017	2018
企业从业人员总数（万人）	936.5	918.8	942.5	936.6	948.3
企业研究开发人员（万人）	87.5	90.6	95.9	97.3	100.5
大专及以上学历人员（万人）	294.8	304.0	317.2	323.0	329.5
大专及以上学历人员占比（%）	31.5	33.1	33.7	34.5	34.8
硕士学历人员占大专以上人员比例（%）	3.8	4.0	4.1	4.5	4.8
博士学历人员占大专以上人员比例（%）	0.7	0.7	0.7	0.7	0.7

注：表中统计数据为 2014~2018 年可比数据（344 家基地）。

通过对表 2-9 的分析，2014~2018 年，基地内从业人员中，企业研究开发人员和拥有大专以上学历的从业人员数量每年都处于上涨的态势。2018 年，拥有大专以上学历的从业人员占总数的三成以上，其中博士、硕士学历的从业人员达到 5.5%，说明高学历人才培养和优秀人才的引进，对于基地的建设与发展显得越来越重要。

基地建设的核心在于人才，各地在推动特色基地建设和发展的过程中，采取了诸多支持人才发展、引进人才等相关政策，培养了适应区域发展的有关人才。

（一）推动科技创新人才加快聚集

创新驱动实质上是人才驱动。为了加快形成一支规模宏大、富有创新精神、敢于承担风险的创新型人才队伍，要重点在用好、吸引、培养、用好上下功夫。要学会招商引资、招人聚才并举，择天下英才而用之，广泛吸引各类创新人才，特别是最缺的人才。同时，要用好科学家、科技人员、企业家，激发他们的创新激情。

案例25　实现"引智引才"，加快集聚高端人才资源

国家火炬湘潭新能源装备特色产业基地以科技创新为突破口，壮大培育新能源装备与新能源汽车基地优势产业，加快特种机器人等新兴产业培育，以体制与机制创新为动力，实现招商引资与产业转型升级重要突破；通过技术、资金、人才、政策、环境等高效集聚，打造国家创新创业洼地，让基地成为湘潭市产业转型升级与经济增长最重要引擎。

案例25　实现"引智引才"，加快集聚高端人才资源

——国家火炬湘潭新能源装备特色产业基地

国家火炬湘潭新能源装备特色产业基地促成由欧阳晓平院士牵头的中南地区首个院士创新产业园不断集聚高端人才和项目。目前院士产业园已建成核心孵化区10万平方米。湘潭高新区已聚集院士、国家"千人计划"专家等高层次人才68人；设立了3个院士工作站，建成了国内唯一的超纯高阻硅X光探测器实验室，建成填补国内空白的全人源化抗体基因工程实验平台，5G通信和微感雷达项目建成投产。建立人才改革试验区。根据科技领军人员、创新创业人才等不同特点，基地共培训培育各类人才1万人次以上，为推动全市产业转型升级发挥了积极的作用。进一步加大对双创示范基地支持力度，进一步完善大学生创新创业政策环境，构建从服务、资金、培训到落户等完善的政策链，使双创载体成为未来基地发展最重要的新动能之一。

案例26 建设科技服务人才队伍，实现高端人才支撑高端产业

国家火炬徐州邳州半导体电子材料和设备特色产业基地针对半导体材料和设备产业行业特性，开发区投资近3亿元，打造了欧洲半导体海归人才创业园和半导体材料和设备产业园两个创业创新平台载体。成立10亿元产业基金，通过股权投资、融资租赁、供应链金融等多种方式支持国内外人才创新创业。

案例26 建设科技服务人才队伍，实现高端人才支撑高端产业
——国家火炬徐州邳州半导体电子材料和设备特色产业基地

国家火炬徐州邳州半导体电子材料和设备特色产业基地坚持四链并延——延伸产业链、突破创新链、提升价值链、布局资金链，注重创新创业生态体系构建，培育和引进"千人计划"专家29人（英国、比利时、荷兰、日本等）、国家"万人计划"专家2人，其中自主培育本土国家"千人计划"专家2人，国家"万人计划"1人。江苏省"双创计划"27人，累计培育和招引省级以上高层次领军人才入园创新创业59人。2017年，创业园人才培育和引进工作又取得突破性进展，获评1名本土培养国家"千人计划"专家，6名江苏省"双创计划"创业类重点资助人员，其中前十名2位。结合科技计划管理制度的改革，选择一批工作基础较好的科技评估、咨询机构，支持其培养高层次人才，提高项目论证、实施策划和效果评估能力。

创业园以才引才工作进入良性循环，双创生态体系建设成效显著。在辖区派出所设立了出入境服务窗口，为海内外人才提供出入境手续办理、驾照转换等特色服务，为高层次人才解决子女入学、入籍的问题。对高层次、有真才实学的科技服务专业人才在工作条件、生活待遇等方面给予政策支持和激励。

与传统服务业相比，科技服务更具有知识密集的特征，要求从业人员不仅要具有深厚的科技知识背景，更要有广阔的视野，并要通晓现代管理、经济、金融、法律等多学科知识。要一手抓从业人员资格认证制度的建设，一手抓吸引优秀专业人才进入各类科技服务机构。加强科技服务机构从业人员的培训工作，重点培养一批素质好、业务水平高的技术经纪人、咨询师和企业诊断师。

（二）加大产业技术创新人才激励

改革创新是基地的鲜明特色，只有不断创新，才能实现永续发展，始终保持竞争优势。要创新人才激励机制，充分解放思想，打破常规，舍得投入，围绕新兴产业重点发展领域、企业科技创新、关键技术难题攻关需求，高薪聘请高端人才服务招商、服务项目。

案例27　拓宽渠道构建人才洼地，优化企业成长环境

国家火炬福安中小电机特色产业基地积极拓宽引才引智渠道，设立人才引进基金，完善科技创新人才激励机制，鼓励企业加大人才激励力度，培育本地人才。

案例27　拓宽渠道构建人才洼地，优化企业成长环境
——国家火炬福安中小电机特色产业基地

国家火炬福安中小电机特色产业基地通过引进、激励、培育和文化建设，突破人才短缺的瓶颈。以海峡文化为平台和纽带，广纳海内外贤才。对引进的国内外创新人才及项目在土地、资金及税收等方面给予政策优惠。积极拓宽引才引智渠道，建立人才"柔性流动"政策，在人才使用上"不求所有，但求所用"，吸引更多的国内外人才前来开展项目、技术对接。深化与国内外知名高校、科研院所的深层次人才合作，通过引进一批高层次创新创业人才，带动一个团队，培育一个企业，形成一个产业。设立人才引进基金，内设项目评审委员会，经过严格科学评估，对在基地内创办企业的团队、个人，给予高额度的补助。

同时，积极为其解决在住房、户口、子女入学等方面遇到困难和问题。完善科技创新人才激励机制。突出人才激励政策的创新性和配套性，对重点产业发展急需的各类高层次创新创业人才，加大创业启动资金、税收优惠、财政贴息等方面的激励力度，并在创投资金、商业担保、产业引导资金等方面给予倾斜扶持。鼓励企业以设立技术股、创业股等方式，形成有效的激励机制来吸引人才。努力培育一流的本土创新型企业家，建设创新人才队伍、实用人才队伍和中介人才队伍。

案例 28 完善更具凝聚力的人才激励机制

国家火炬湖州吴兴区现代物流装备特色产业基地加强人才激励机制，提升知识产权保护力度，推动产学研深度融合。开展多领域的交流合作，学高端理念、引高端项目、留高端人才，提升自身承载项目附加值，扩大科创平台影响力。

案例 28 完善更具凝聚力的人才激励机制

——国家火炬湖州吴兴区现代物流装备特色产业基地

政府针对基地专利等知识产权方面出台了大量补贴补助政策，在技术难题方面也为企业提供对口专家服务。国家火炬湖州吴兴区现代物流装备特色产业基地也全力对接湖州市"南太湖精英计划""国千""省千"，为基地内的企业引进了大量高水平、高层次、高技术的创新创业人才。实施品牌战略，完善企业专利、商标管理制度建设，建立有效的人才激励机制。同时，推动国内外大院名校与企业共建创新载体，并利用载体进行高质量人才培养，从而进一步推动产学研的融合。

（三）拓展招才引智多渠道体系建设

鼓励基地内企业引进高层次人才，把招商引资与招才引智相结合，多渠道、多形式引进高素质专业人才。充分利用合资合作渠道，积极吸引人才到基地创业，不断扩大基地产业的产学研合作与交流，积极寻求与高校、院所建立生物医药产业的战略合作联盟。

案例 29 构建产业创新体系，加大创新人才引进力度

国家火炬成都金牛电子信息特色产业基地以人才工作为抓手，推动基地建设取得实效;深化人才高地建设，强化招才引智工作，引导协助企业做好创新人才的培养和引进。

案例29　构建产业创新体系，加大创新人才引进力度

——国家火炬成都金牛电子信息特色产业基地

国家火炬成都金牛电子信息特色产业基地企业十分注重大专院校、科研院所产学研合作，目前有多所大专院校、科研院所与企业结成各种形式的产学研联合体。与四川大学、电子科技大学、华西大学等国内知名高校和科研院所建立了良好的合作关系，充分共享科技创新资源，实现了企业自主创新与产学研合作的有机结合。强化人才工作。以人才工作为抓手，推动基地建设取得实效；深化人才高地建设，强化招才引智工作，引导协助企业做好创新人才的培养和引进。

基地以康弘集团、竞技世界、腾盾科技、四川时空邮科技、成都创新天府智能技术研究院等高科技企业为平台，加强资源对接，与高校、科研院所开展合作，促进人才集聚；加强人才配套服务建设，积极落实人才公寓建设服务，提供创新创业项目申报、政策咨询和人才购房支持等方面的服务，使人才工作站真正成为温暖人才之家。

案例30　提高自主创新能力，拓展创新人才培育引进体系

国家火炬张家港精密机械及零部件特色产业基地以"转方式、调结构"为主线，以提升产业装备水平、科技含量、产品附加值为目标，以循环经济为路径，以高新技术和人才为支撑，着力突破一批关键共性技术，坚持结构调整，强化自主创新，推进品牌建设，促进产业聚集，壮大龙头骨干，着力发展高端装备制造业，培植新的增长点，促进产业由大变强。

案例30　提高自主创新能力，拓展创新人才培育引进体系

——国家火炬张家港精密机械及零部件特色产业基地

国家火炬张家港精密机械及零部件特色产业基地瞄准国内外高端装备高层次创新创业人才，以"十大科技载体"为招才引智平台，会集了一大批海内外高端装备方面的高水平人才和团队。已累计引进和培育各级领军型创新创业人才780多人，其中国

家"千人计划"专家 30 名、江苏省"双创"人才 85 名、姑苏领军人才 112 名、张家港创新创业领军人才 600 名。累计落地产业化项目近 45 个，新增就业岗位近 3630 个，解决了相关行业近 3300 人的就业问题。此外，设立了 1.7 亿元人才发展基金，专门用于包括机电产业、智能装备科技人才在内的人才引进。基地引进和培育国家"千人计划"2 名、省"双创"人才 2 名。

六、优化中小企业发展营商环境

中小企业是国民经济发展的生力军，竞争中性给了中小企业获取更多市场资源的可能性，同时深化了市场化改革，有利于各类市场主体在充分竞争中激发创新。

（一）推动地方特色产业创新创业示范基地

为营造良好的创新环境，在出台各类鼓励企业科技创新的科技政策的同时，积极加强服务体系及技术创新体系建设，加大了政府投入引导，着力建立和完善多层次的科技服务体系，大力推进自主创新，逐步建立起以企业为主体的创新体系，提高基地的自主创新能力。

案例 31 集聚创新资源，不断提升创新能力

国家火炬临沂高新区电子元器件特色产业基地以电子元器件产业为特色优势产业，以全力创建创新型特色园区作为园区的主攻方向。基地集聚和整合了临沂电子元器件研发资源和供应链资源，不同单位与产品构成了上下游分工和产业配套，已经形成横向涵盖磁性材料、电子元器件、生产设备等环节，纵向包括从研发、成果转化到产业化实施的可持续创新发展的创新体系。

案例 31　集聚创新资源，不断提升创新能力

——国家火炬临沂高新区电子元器件特色产业基地

国家火炬临沂高新区电子元器件特色产业基地内 90% 的电子元器件企业设立了研发机构，研发经费投入不断增加，部分企业达到销售收入的 8%，基地拥有博士后科研工作站 2 家，院士工作站 2 家，省级创新平台 17 家；申请国内专利 475 件，专利授权 387 件，软件著作权登记 210 件；先后承担了电子元器件小微企业创新创业示范基地等 20 项省级以上科技项目；一批电子元器件领域内的关键技术取得重大突破，"高压大电流系统接插件、线束研发技术""深海防水圆形连接器"等技术达到国际先进水平。同时，基地大力发展新型研发机构，高新区管委会与中瑞电子以"强核心 + 大协作"的模式，以国家级制造业创新中心的标准发起组建了行业研究院，是山东省唯一一家批复的新材料领域制造业创新中心。充分发挥模式创新在园区运营中的作用，围绕争创国家级高端人才引领性双创升级特色载体、组建国家级磁电功能材料及装备技术创新中心目标，全力建设产业生态体系。

案例 32　营造良好的创新创业环境，加强企业核心竞争力

国家火炬商丘睢县智能终端特色产业基地依靠科技进步、体制政策优势，坚持把企业作为科技创新的主体，以智能终端制造业为导向，紧盯发展求突破，聚焦服务谋创新，积极推动各项工作有条不紊进行，做好基地管理服务工作。

案例 32　营造良好的创新创业环境，加强企业核心竞争力

——国家火炬商丘睢县智能终端特色产业基地

国家火炬商丘睢县智能终端特色产业基地积极引导、鼓励金振源电子科技等电子信息产业企业与高等院校、科研机构及重要用户建立人才培养机制，已与郑州轻工业学院、商丘市职业技术学院结成产学联合体，鼎能科技与郑州大学、CATL、中航锂电

等国内领先的锂电池生产企业联合建立工程实验室，富锦电子与富士康科技集团建立富士康科技集团云智慧"工业 4.0"研发基地，科技创新作用明显。以"科技服务进民企"活动为载体，帮助企业挖掘申报专利潜力。积极引导企业把握机遇，通过科技创新获得发展优势，充分发挥产业集聚区知识产权维权援助工作站的作用，积极引导产业集聚区企业维权，协助企业开展专利"消零"活动。

（二）搭建创新创业众创、众包、众扶等平台

推动"大众创业、万众创新"，需要打造支撑平台。要利用"互联网＋"，积极发展众创、众包、众扶、众筹等新模式，促进生产与需求对接、传统产业与新兴产业融合，有效汇聚资源推进分享经济成长，形成创新驱动发展新格局。

案例 33 打造协同创新的专业化平台，不断增强创新力量

国家火炬武汉高分子及复合材料特色产业基地以科技进步和自主创新为动力，推动全区在新材料、新能源、生物医药等领域产生具有国内外领先水平和自主知识产权的创新成果。

案例 33 打造协同创新的专业化平台，不断增强创新力量
——国家火炬武汉高分子及复合材料特色产业基地

国家火炬武汉高分子及复合材料特色产业基地按照"三生融合"的总体发展战略，布局经济开发区、古田街区域，围绕武汉市创谷计划三年建设规划，争取 1 亿元创谷资金用于改造实体空间、促进产业升级、完善功能配套、提升服务环境，已新改（扩）建 60.5 万平方米的实体空间，固定资产投资达 50.47 亿元；众创孵化载体加快建设；支持苏州火炬孵化打造的博济智汇园完成 2.5 万平方米载体建设并开园，引进科创类企业 30 余家；武汉三新材料孵化器被科技部火炬中心评为优秀（A 类）；支持猪八戒网、武汉创智园等四家载体获省级孵化器、众创空间认定。

深入分析基地高新技术企业新增乏力的现状，找准差距，多方联动，大力推动高新技术企业的申报认定和高新技术产品登记备案。根据企业对创新条件、资金和配套环境的需求情况，针对科技创新链的各个环节，将双创服务能力的提升重点放在企业公共平台建设方面，围绕科技创新、成果转化，深入对接机构、对接科技资源平台，构建了以多层次、社会化投入机制为主的公共技术服务平台。以市场化机制整合利用创新资源、连接各类创新服务机构，提高资源配置效率，重在通过连接形成创新生态体系。促进高校院所、大型国企科技资源联动共享，鼓励参与市级科研设施和仪器开放共享；突出企业技术创新主体，支持高新技术企业创建市级企业技术创新中心、研发中心；支持军民融合发展，积极搭建军民融合科技公共服务平台，抓住产业发展与军工科技资源的结合点，培育军民融合科技产业集群。

案例34　提高创业创新空间发展水平，多途径拓展企业融资平台

国家火炬石嘴山高新区稀有金属材料及制品特色产业基地，围绕"众创、众包、众扶、众筹"支撑平台，建成智慧园区、路演中心等双创平台，有效地推动了园区创新创业要素资源聚集、开放、共享，揭升园区创新创业平台服务能力。

案例34　提高创业创新空间发展水平，多途径拓展企业融资平台

——国家火炬石嘴山高新区稀有金属材料及制品特色产业基地

国家火炬石嘴山高新区稀有金属材料及制品特色产业基地提升国家级科技企业孵化器承载能力，2018年建成1.6万平方米四层厂房一栋，开工建设1.4万平方米四层厂房一栋，引进北京理工大学入驻孵化器开展军民融合协同创新工程中心建设工作。2018年成功认定自治区首批双创示范基地，获批奖励资金500万元。坚持企业创新主体地位，加大科技创新投入力度，充分调动企业投资的积极性、主动性，谋划和推进实施一批科技创新项目。

多途径拓展企业创业创新融资平台，6 月正式成立"成长创新贷"，成立规模为 3000 万元的"风险担保资金池"，对符合产业发展方向的中小微企业提供融资担保服务。协助企业落实"宁科贷"政策，为 6 家企业贷款 1550 万元，落实科技金融专项资金补助 127 万元。承接市政府下放开发区的 36 项管理权限，加快推进证照分离改革试点，建成了园区"一站式"企业服务中心，与市政务服务中心实现联网联办，对入园项目（企业）实施全程代办，实现了企业的事园区办，园区的事园内办。

（三）制订各类人才引进和培养计划

人才是技术创新的第一要素，加强技术创新是推动高质量发展的必然要求，也是筑牢微观质量基础的重要支撑。

案例 35　人才创新驱动，助力产业腾飞

国家火炬昆山新能源装备特色产业基地通过政府支持和企业自动创新投入，并成立园区自有的投资基金，对区内优质企业进行投资，助推企业成长。适时发展可再生能源产业就是优化产业结构、促进昆山可持发展的重要战略措施之一。与多个国内外产业平台和研究中心合作，举办了多场企业高管培训会与行业论坛，为基地可持续发展提供了技术和人才保证。

案例 35　人才创新驱动，助力产业腾飞

——国家火炬昆山新能源装备特色产业基地

国家火炬昆山新能源装备特色产业基地内骨干企业在不断加强技术创新的基础上，与国家发改委能源研究所、中科院上海高等研究院、国家住宅与居住环境工程技术中心、南京大学、东南大学、上海交通大学、西安电子科技大学、苏州科技学院等科研院所，建立了紧密的产学研合作机制，在新技术推广应用、专业技术人才引进、技术攻关和引进技术的消化吸收等方面进行了卓有成效的工作，为基地内企业解决了生产与发展中的各种难题。

例如与江苏科技大学共同开发的"晶圆抛光清洗技术"、与美国托莱多大学共同研发的"高效率薄膜型太阳能电池技术",通过与科研机构合作,为基地的可再生能源产业发展提供强有力的技术支持和工艺性技术创新平台,为企业承担国家科技项目提供技术攻关和技术咨询服务。并通过昆山市人才头雁计划、昆山人才政策33条,大力引进相关优质人才,基地已集聚"两院"院士2名、国家"千人计划"人才7名、中青年科技创新领军人才1名以及省市"双创"人才3名,博士团队5个。

案例36 推进成果转移转化、构建科技合作创新平台

国家火炬威海南海新区海洋油气装备特色产业基地完善人才政策体系,加大人才培育力度。通过引进、激励、培育和文化建设,突破人才短缺的瓶颈。积极实施高层次创新人才引进计划和"特聘专家"资助计划,借才引智、借脑发展,对引进的人才实行"保姆式"贴心服务和"套餐式"政策支持,确保把高端人才引进来、留得住。以产业招人才,为产业聚人才,只有围绕产业链打造人才链,才能吸引来更多的专业对口高端人才,才能让引进的高端人才与本地产业发展完美契合,让人才有用武之地。

案例36 推进成果转移转化、构建科技合作创新平台

——国家火炬威海南海新区海洋油气装备特色产业基地

国家火炬威海南海新区海洋油气装备特色产业基地加快引进行业领军型人才和研发团队,打造态度敬业工作高效的产业园队伍、严谨细致的企业技术人员队伍、精明能干的企业家队伍,为产业发展提供技术支撑,加快高端人才聚集。对入驻高校、科研院所提供全方位服务,为创新发展提供科技研发支持,预计2019年正式投入使用,入驻一批高校、科研院所,聚集一批高层次科技人才,产出一批科技成果,有科技成果转化产业化项目,成为新旧动能转换和创新创业的强引擎。完善"政产学研金服用"创新体系,不断提升海洋科技成果转移转化和产业孵化能力。

七、积极配合国家战略任务落地

五年来，火炬基地建设有力支持了国家"一带一路"倡议，以及"精准扶贫""民族特色产业振兴"等重大战略任务落到实处。

（一）深入实施"一带一路"倡议

通过抢抓"一带一路"发展机遇，支持基地内企业、人才、平台、项目、资本"引进来""走出去"，秉持合作共赢、绿色共享的发展理念，推动基地企业与"一带一路"沿线国家和地区开展科技合作、成果转化、技术转移等活动。

案例37　召开亚洲可持续发展与区域合作峰会，响应"一带一路"倡议

国家火炬吴江（盛泽）新兴纺织纤维及面料特色产业基地成功举办亚洲可持续发展与区域合作盛泽峰会、首届中国（盛泽）布商大会、第五届江苏（盛泽）纺博会和中国服装大会、2018 中国·盛泽纺织智能制造大会、2018 年苏州国际精英周盛泽会场创新创业洽谈会等一系列活动。在推动亚洲地区纺织服装产业迈入健康、可持续的发展轨道上发挥了积极作用。纺织新材料作为基地的优势和主导产业，基础雄厚，配套完备，已形成一条从纤维研发、智能织造到精细化后整理、品牌服装以及工业用布、军民融合面料的产业链和集市场、金融、物流、服务于一体的配套体系，形成了千亿级产业集群、千亿级市场和千亿级企业的产业规模。

案例37　召开亚洲可持续发展与区域合作峰会，响应"一带一路"倡议

——国家火炬吴江（盛泽）新兴纺织纤维及面料特色产业基地

2018 年 5 月，"亚洲可持续发展与区域合作盛泽峰会暨亚洲地区纺织服装行业可持续生产对话活动"在江苏盛泽召开，并推出了《"一带一路"倡议下中国纺织服装行

业海外可持续发展三年行动计划（2018~2020）》。工信部、商务部、中国纺织工业联合会，孟加拉、柬埔寨、越南、缅甸、巴基斯坦五国的纺织服装行业组织，盛泽镇和中国东方丝绸市场的领导，以及中国海外投资企业、品牌和社会组织的代表共150余人出席了此次峰会，吴江高新区（盛泽镇）和基地将坚定沿着"一带一路"倡议的方向，秉持合作共赢、绿色共享的发展理念，推动纺织服装产业的可持续发展。盛泽纺织产业集群将与各方一道，同心协力，为纺织服装产业的可持续发展贡献自己的力量。认真实施创新驱动战略，为区域高质量发展做好了创新支撑。基地以创新体系建设、智能化发展和信息化融合作为抓手，全力加快纺织产业集群创新发展示范区建设。

案例38　借力"一带一路"，延伸产业链条

国家火炬江阴高新区特钢新材料及其制品特色产业基地积极响应国家"一带一路"倡议，引导基地内企业主动融入全球产业链、创新链，以全球视野谋划创新，不断拓宽产业链条。主动对接中科院、科技部国合司和火炬中心等，发挥国家国际科技合作基地、跨国技术转移中心、诺贝尔奖得主研究院的示范作用。充分利用全球化的创新网络，既大力度"引进来"，吸引更多国内外高端创新机构、研发中心等来高新区发展，又大踏步"走出去"，在海外创新资源富集的地方，设立境外分支机构、并购先进研发机构。

案例38　借力"一带一路"，延伸产业链条

——国家火炬江阴高新区特钢新材料及其制品特色产业基地

国家火炬江阴高新区特钢新材料及其制品特色产业基地在产业链上游以中信泰富特钢集团（兴澄特钢）为代表，产业链中游以法尔胜泓昇集团、比利时贝卡尔特集团为代表，产业链下游主要以名鸿车顶、凯澄起重等制造型企业为代表，现已建成具有国际先进水平的特钢研发和生产基地。其中法尔胜泓昇集团，瞄准未来30年中国以及"一带一路"沿线国家在桥梁、隧道等基础建设工程上的大规模的建设需求和检测维护需求，在为客户提供钢丝、缆索等核心产品的全生命周期中不断融入服务环节，延伸检测维护服务，发展基于智能缆索的路桥在线健康监测服务，推动企业从制造领域向服务型制造领域不断延伸。

鼓励企业提高研发投入，开展技术创新、商业模式创新和管理模式创新，加大对企业发明创造的支持力度，形成更多拥有自主知识产权的新产品，提升原始创新能力。加大对中小企业创新支持，加快产学研创新联盟、新型研发机构、新型产业技术创新组织建设。加强高新技术企业、科技小巨人企业、瞪羚企业、独角兽企业等高成长性、爆发性企业的培育与挖掘，打造现代经济体系建设生力军。

案例 39　深度参与"一带一路"，拓宽国际市场

国家火炬宁晋太阳能硅材料特色产业基地积极响应"一带一路"倡议，沿着"一带一路"区域进行市场布局，加速市场全球化和产业全球化。坚持"价值第一"的至高理念，创造社会价值，实现用户价值，获得自身价值。基地致力于打造世界级企业，就必须创造世界级的价值。积极探索与用户共同创造价值的模式，汲取用户智慧，让用户成为价值共创、共赢的伙伴；继续加强品牌建设，关注客户产品的体验，把产品打造成为艺术品，体现品牌应有的价值。

案例 39　深度参与"一带一路"，拓宽国际市场
——国家火炬宁晋太阳能硅材料特色产业基地

国家火炬宁晋太阳能硅材料特色产业基地深耕美、日、欧等成熟的市场，并积极开拓中东非、东南亚、澳大利亚等新兴市场，在南美市场的占有率已扩大到18%。目前基地产品覆盖全球 110 个国家和地区，市场占有率接近 10%；电池组件出货量 8.5 吉瓦，全球排名第二。基地骨干企业晶澳公司为"一带一路"沿线 23 个国家供货 900 兆瓦，同比增长超过 50%，并获得全球权威机构 EuPD Research 授予的"2018 年欧洲顶级光伏品牌"荣誉。

光伏应用全球化趋势越来越明显，基地响应趋势，加速市场全球化和产业全球化，与"一带一路"同频共振。"一带一路"倡议为基地提供了前所未有的历史性机遇，作为新时代的企业，要继续深化与沿线国家合作，用最领先的光伏技术和产品，造福

更多的人。基地沿着"一带一路"区域进行市场布局，使基地拓展了全球化市场，进一步提高了全球化销售能力，完善了市场布局，还应继续巩固现有的海外市场优势，积极开拓中东非、拉美等新兴市场。

案例40　服务"一带一路"，打响企业品牌

国家火炬常州输变电设备特色产业基地聚焦全球新能源与智能电网建设的发展机遇，成功研发了适应大容量地下输电的产品，填补了国内和国际空白，为实现绿色、智能、安全、可靠的国产化输电系统提供更多选择。

案例40　服务"一带一路"，打响企业品牌
——国家火炬常州输变电设备特色产业基地

2018年，由国家火炬常州输变电设备特色产业基地骨干企业安靠公司总承包的全球最大落差超高压电缆工程在厄瓜多尔美纳斯水电站正式投产发电，这也是在中国"一带一路"倡议下，在南美洲的标志性能源工程。该工程由于场地环境的限制，技术难度大、安全风险高，因此国际上的电缆制造商和施工单位都纷纷放弃，安靠公司却凭借近5年积累的丰富经验脱颖而出，解决了困扰电力施工行业的巨大难题，让行业专家大为惊叹，成功打响了企业品牌。

重视国际电力市场的开拓，将积极通过多个途径发掘市场资源，推动对外贸易的开展；同时积极寻找介入西亚、中东、南非、独联体等市场的机会，为常州市输变电产品进入上述国际市场提供帮助和渠道。

（二）大力促进民族地区特色产业发展

《国务院关于印发"十三五"促进民族地区和人口较少民族发展规划的通知》（国发〔2016〕79号）要求：培育壮大特色优势产业。积极发展新能源、新材料、高端装备制造、生物医药、新一代信息技术、节能环保等战略性新兴产业。支持民族地区国家高新技术产业发展、火炬特色产业基地建设。民族地区建设国家火炬特色产业基地建设得到高度

重视。截至 2018 年，在民族地区共建有国家火炬特色产业基地 14 家，集聚企业 847 家，其中高新技术企业 101 家，境内外上市企业 17 家，新三板挂牌企业 16 家，营业收入超 10 亿元的企业 11 家；工业总产值达到 1420.9 亿元，总收入 1389.6 亿元，实际上缴税费 204.4 亿元，具体情况如表 2-10 所示。

表 2-10　2014 年和 2018 年民族地区基地发展情况

年份	企业总数（家）	高新技术企业数（家）	从业人员数（人）	创新载体（家）	资金总投入（亿元）	专利授权数（件）	工业总产值（亿元）	总收入（亿元）	上缴税费（亿元）
2014	292	58	210820	65	169.0	578	2644.7	2626.8	363.6
2018	847	101	152081	132	1020.8	2571	1420.9	1389.6	204.4

案例 41　加强创新平台建设和科技成果转化，促进民族医药产业发展

国家火炬黔西南州民族医药特色产业基地部分企业承担了民族医药种植、研发、生产、销售等领域子课题六项，并开展优势品种研发和二次开发、医药新产品开发、智慧物流等重点示范项目建设，加快产业的发展。

案例 41　加强创新平台建设和科技成果转化，促进民族医药产业发展
——国家火炬黔西南州民族医药特色产业基地

为支持火炬基地的发展，2018 年黔西南州在州级科技计划项目中立项了 7 项医药类项目，并积极推动医药智慧物流平台、民族医药技术产业联盟、黔西南州民族医药产品质量控制检验检测中心、黔西南州民族医药产业技术人才团队以及黔西南州智慧医药信息化服务平台等的建设工作。

国家火炬黔西南州民族医药特色产业基地组织基地企业申报省级科技企业孵化器和省级科技成果转化项目，并获得省科技厅 150 万元的经费支持。

目前，基地民族医药产业发展良好，现已聚集自身成长性好、市场竞争力强、科技含量高、发展前景广的骨干优势企业 13 家，高新技术企业 7 家，科技型中小企业 89 家；科技服务机构 27 家，其中各类研发机构 6 家。基地特色产业在国内市场占有率达 0.25%，其中苗药膏贴剂等特色产品出口达 99610 千元。

案例42　营造良好投资环境，加快特色产业发展

天祝藏族自治县着力营造"能赚钱、不受气、条件好"的招商环境，按照"一个项目、一名领导、一套班子、一抓到底"的要求，成立协调服务领导小组，为企业提供保姆式服务，促进特色产业的发展。紧盯碳基新材料产业发展方向和产业政策导向，通过政府引导，鼓励企业广泛开展与高等院校、研究机构、科技服务机构的科技合作。充分利用科研人员的专利技术，改造提升现有生产效率和开发新产品。

案例42　营造良好投资环境，加快特色产业发展
——国家火炬天祝高性能碳基材料特色产业基地

对引进的投资项目，实行县级领导项目包抓责任制，提供全流程服务。同时，成立重点工作和招商引资服务督查领导小组，由县领导带队定期督查项目建设和招商引资服务工作，对园区基础设施建设、项目建设管理和服务进行重点督查，对发生在项目建设和招商引资中的影响招商引资环境的单位和个人进行通报批评、限期整改，情节严重的进行党纪行政处分。

通过以上工作，武威市特别是天祝藏族自治县的投资环境大为改善，已成为当地投资环境最好的地区。基地目前已拥有骨干企业12家，从业人员1700余人，2018年实现工业总产值19亿元，上缴税额近1亿元，在带动藏区社会经济发展、吸纳就业、增加财政收入等方面发挥着越来越重要的作用。

基地按照科学规划，高起点、高标准建设的原则，建设火炬基地给排水、供电、供气、道路、通信等基础设施，加快环保配套设施建设，合理布局污水处理厂、固体废弃物及垃圾中转或处理设施，提升火炬基地承载能力。推进物流基地建设，畅通工业物流通道，提高物流通道运行质量和效率，降低物流成本。

加大招商力度，充分发挥碳材料产业集群效应，加大招商引资力度、点对点招商、以商招商、产业链招商、网上招商、中介招商和"走出去"招商等，探索建立招商项目利益共享机制，通过引进和壮大基地龙头，发展原有企业增强基地在全省乃至全国碳材料工业的话语权和地位。

支持科技服务体系建设，提高企业自主创新能力，积极引进新技术，加大研发投入，建设重点实验室，建设国家、省、市级工程技术研究中心及企业技术中心，强化碳基新材料产品研发力度，不断提升特色产业基地的创新能力，更好地发挥基地在区域经济和行业中的辐射带动作用。

（三）特色产业助力地方精准扶贫

2017 年 10 月，习近平同志在十九大报告中指出，要动员全党全国全社会力量，坚持精准扶贫、精准脱贫，坚持中央统筹省负总责市县抓落实的工作机制，强化党政一把手负总责的责任制，坚持大扶贫格局，注重扶贫同扶志、扶智相结合。

案例 43　扩大品牌宣传，助力精准脱贫

国家火炬南平建瓯笋竹科技特色产业基地扩大笋竹品牌宣传，大力促进南平市竹笋产品的销量。"竹基地、竹市场、竹加工、竹食品、竹文化、竹旅游"六大特色产业已经初具规模，基本形成以笋竹产业为主导，打造集清水笋、软包装笋等笋加工，竹地板、竹工艺品、竹炭等七大类竹材加工、产品贸易、信息共享和科研创新为一体的产业基地。

案例 43　扩大品牌宣传，助力精准脱贫

——国家火炬南平建瓯笋竹科技特色产业基地

南平竹笋是中央电视台"国家品牌计划——广告精准扶贫"项目推介的特色农产品，该公益广告片自 5 月 1 日起，分别在央视一套、二套、三套、四套、七套、八套、九套、十三套八个频道连续播出一个月，对于宣传推介南平市竹笋产品发挥了重要作用。通过品牌宣传，南平市天添、易扬等企业的笋产品已陆续在"清新福建生态农业优品"微信公众号上线开售，上海、厦门、福州等地餐饮行业客商也主动与南平市洽谈竹笋产品的供应，产品销量进一步提升。

在"武夷品牌"建设发布会上，南平市与国际竹藤中心进行战略合作签约，国际竹藤中心授权南平市筹建中国竹藤集群品牌联盟笋用竹分部，旨在集聚国内竹笋行业优势资源，建立协调机制，推动竹笋品牌发展、提升品牌效益、扩大品牌影响力、拓展国际市场空间，树立中国竹笋话语权。

举办"笋竹高峰论坛第二届建瓯峰会"和"第二届竹乡杯挖冬笋大赛活动",成立中国竹藤产业集群品牌联盟笋用竹分部。积极帮助华宇、明良公司竹地板和竹笋产品申报"中国驰名商标",发挥品牌效应,培育成在全国具有影响力和拥有国家级品牌的笋竹加工龙头企业,带动南平市竹产业的大发展。着力围绕建立优质、高效、可持续经营的竹林资源体系,大力开展生态竹林培育;除实施护笋养竹、合理砍伐、科学抚育等常规培育技术外,重点推广竹阔混交林经营、竹山引水灌溉、施有机肥料、生物防治病虫害等生态竹林培育新技术,优化竹林结构、改善竹林生态环境,着力提高竹林单位面积产量和效益,推动我市竹林由传统管理向现代培育转变。

案例44　响应国家战略,开展劳动脱贫

国家火炬泸州江阳中医药特色产业基地积极响应国家号召,带领贫困户劳动脱贫。坚持市场主导、政府推动,发挥市场配置资源的基础性作用,采取"政府搭台、企业唱戏"的模式,着力打造良好的投资创业环境,加速培育一批大企业、引进一批大项目,同时多措并举,积极促进基地发展壮大。

案例44　响应国家战略,开展劳动脱贫
—— 国家火炬泸州江阳中医药特色产业基地

国家火炬泸州江阳中医药特色产业基地是泸州国家高新区江南科技产业园的重要组成部分,主导产业涉及医药健康、智能终端、节能环保、现代商贸和科技服务业,现已形成中药材种植、中药加工生产,中药衍生品生产、销售以及康健服务。

基地企业泸州天植中药有限公司是集种植、科研、生产、销售于一体的现代化民营企业,常年生产中药饮片、毒性中药饮片品种600余种,已建设5000亩枳壳(枳实)GAP基地。公司积极响应国家精准扶贫战略,在乌蒙山区向贫困户开展劳动扶贫,组织贫困户进行辛夷花种植,投产后每亩收入可达3万元,对于促进农民增收发挥了重要作用。

在医疗康健产业带动下，基地内发展了相关产业链条企业 59 家，2018 年实现产值 30 亿元，2019 年力争达到 40 亿元。红锦包装、华冠印务等企业在技术、工艺和设备方面升级换代，推行国家绿色印刷环保标准，为医药康健产业配套低耗能绿色印刷设备、材料。基地内君安物流、金台物流等物流配送企业，降低了医药企业物流成本，促进了园区传统货运业向现代物流业转型升级，基本形成了城际配送分拨中心、城市配送中心和覆盖社区的末端配送网点的三级城市配送体系。

开展政银企对接活动，积极协调成都银行、农商行等金融机构，争取扩大授信规模，为企业发展提供信贷支持，拓宽融资渠道。通过引入担保公司和深度挖掘银行的创新产品及合作模式等方式，设立政府、担保平台、银行、企业四方共同分摊风险的"园保贷"政策，最大限度为企业提供金融支持。基地通过政府平台牵线搭桥，帮助百草堂、龙人、天植等与香雪制药、健明药业、云南白药、哈药集团、桂龙药业、广药集团、同仁堂等知名中医药企业合作，带动产品升级换代，打造一批拳头产品和知名品牌，推动泸州中医药特色产业发展。

八、2018 年排名前十基地发展现状

（一）2018 年指标前十位排名

2018 年基地总收入位于前三位的均在广东省，分别为国家火炬顺德家用电器特色产业基地、国家火炬广州花都汽车及零部件特色产业基地、国家火炬惠州智能视听特色产业基地，总收入分别达到 2438.1 亿元、1704.7 亿元、1558.6 亿元。2018 年总收入前十名基地情况如表 2 - 11 所示。

2018 年，工业总产值位居前三位的特色产业基地分别为国家火炬重庆渝北汽车摩托车制造及现代服务特色产业基地、国家火炬顺德家用电器特色产业基地、国家火炬广州花都汽车及零部件特色产业基地，总产值分别达到 2753.3 亿元、2443.3 亿元、1762.6 亿元。2018 年工业总产值前十名基地情况如表 2 - 12 所示。

表 2-11　2018 年特色产业基地总收入前十名

序号	省市	产业基地名称	总收入（亿元）
1	广东	国家火炬顺德家用电器特色产业基地	2438.1
2	广东	国家火炬广州花都汽车及零部件特色产业基地	1704.7
3	广东	国家火炬惠州智能视听特色产业基地	1558.6
4	辽宁	国家火炬盘锦石油装备制造特色产业基地	1304.7
5	江苏	国家火炬南京雨花现代通信软件特色产业基地	1262.2
6	江苏	国家火炬江阴高新区特钢新材料及其制品特色产业基地	1182.5
7	湖南	国家火炬岳阳精细化工（石油）特色产业基地	1140.9
8	广东	国家火炬佛山自动化机械及设备特色产业基地	1104.4
9	上海	国家火炬上海安亭汽车零部件特色产业基地	1085.8
10	河北	国家火炬廊坊大数据特色产业基地	1034.2

注：表中统计数据为 2018 年 439 家基地数据。

表 2-12　2018 年特色产业基地工业总产值前十名

序号	省市	产业基地名称	工业总产值（亿元）
1	重庆	国家火炬重庆渝北汽车摩托车制造及现代服务特色产业基地	2753.3
2	广东	国家火炬顺德家用电器特色产业基地	2443.3
3	广东	国家火炬广州花都汽车及零部件特色产业基地	1762.6
4	广东	国家火炬惠州智能视听特色产业基地	1607.8
5	江苏	国家火炬南京雨花现代通信软件特色产业基地	1257.8
6	江苏	国家火炬江阴高新区特钢新材料及其制品特色产业基地	1193.5
7	广东	国家火炬中山日用电器特色产业基地	1146.2
8	广东	国家火炬佛山自动化机械及设备特色产业基地	1091.7
9	湖南	国家火炬岳阳精细化工（石油）特色产业基地	1088.6
10	江苏	国家火炬丹阳高性能合金材料特色产业基地	1085.3

注：表中统计数据为 2018 年 439 家基地数据。

2018 年，上缴税额前三位的特色产业基地分别为国家火炬顺德家用电器特色产业基地、国家火炬东营石油装备特色产业基地、国家火炬岳阳精细化工（石油）特色产业基地，上缴税额分别为 181.8 亿元、172.5 亿元、138.1 亿元，2018 年上缴税额前十名的基地情况如表 2-13 所示。

表 2 - 13　2018 年特色产业基地上缴税额前十名

序号	省市	产业基地名称	上缴税额（亿元）
1	广东	国家火炬顺德家用电器特色产业基地	181.8
2	山东	国家火炬东营石油装备特色产业基地	172.5
3	湖南	国家火炬岳阳精细化工（石油）特色产业基地	138.1
4	广东	国家火炬广州花都汽车及零部件特色产业基地	111.9
5	黑龙江	国家火炬大庆高新区石油化工特色产业基地	103.9
6	新疆	国家火炬乌鲁木齐米东石油化工和煤化工特色产业基地	101.4
7	江苏	国家火炬江宁智能电网特色产业基地	101.0
8	江苏	国家火炬常州轨道交通车辆及部件特色产业基地	92.8
9	陕西	国家火炬西安阎良航空特色产业基地	87.3
10	江苏	国家火炬江阴高新区特钢新材料及其制品特色产业基地	84.7

注：表中统计数据为 2018 年 439 家基地数据。

2018 年，实现净利润位于前三位的特色产业基地分别为国家火炬泰兴精细专用化学品特色产业基地、国家火炬广州花都汽车及零部件特色产业基地、国家火炬南京雨花现代通信软件特色产业基地，净利润分别为 149.9 亿元、130.4 亿元、120.8 亿元。2018 年净利润前十名基地情况如表 2 - 14 所示。

表 2 - 14　2018 年特色产业基地实现净利润前十名

序号	省市	产业基地名称	净利润（亿元）
1	江苏	国家火炬泰兴精细专用化学品特色产业基地	149.9
2	广东	国家火炬广州花都汽车及零部件特色产业基地	130.4
3	江苏	国家火炬南京雨花现代通信软件特色产业基地	120.8
4	上海	国家火炬上海青浦智慧物流特色产业基地	116.7
5	广东	国家火炬顺德家用电器特色产业基地	93.5
6	广东	国家火炬佛山自动化机械及设备特色产业基地	89.3
7	上海	国家火炬上海安亭汽车零部件特色产业基地	88.6
8	山东	国家火炬潍坊高新区动力机械特色产业基地	82.6
9	江苏	国家火炬江阴高新区特钢新材料及其制品特色产业基地	79.4
10	江苏	国家火炬苏州汽车零部件特色产业基地	76.8

注：表中统计数据为 2018 年 439 家基地数据。

2018 年，出口创汇位于前三位的特色产业基地分别为国家火炬惠州智能视听特色产业基地、国家火炬江阴高新区特钢新材料及其制品特色产业基地、国家火炬顺德家用电器特色产业基地，出口创汇额分别为 201.6 亿美元、109.4 亿美元、99.5 亿美元。2018 年出口创汇前十名基地情况如表 2－15 所示。

表 2－15　2018 年特色产业基地出口创汇前十名

序号	省市	产业基地名称	出口创汇（亿美元）
1	广东	国家火炬惠州智能视听特色产业基地	201.6
2	江苏	国家火炬江阴高新区特钢新材料及其制品特色产业基地	109.4
3	广东	国家火炬顺德家用电器特色产业基地	99.5
4	广东	国家火炬中山日用电器特色产业基地	52.3
5	江苏	国家火炬泰州医药特色产业基地	33.3
6	江苏	国家火炬如东生命安防用品特色产业基地	32.0
7	广东	国家火炬惠州 LED 特色产业基地	29.6
8	浙江	国家火炬湖州安吉高端功能座具特色产业基地	28.1
9	江苏	国家火炬南通化工新材料特色产业基地	28.0
10	江苏	国家火炬常熟汽车零部件特色产业基地	27.7

注：表中统计数据为 2018 年 439 家基地数据。

（二）2014～2018 年年均复合增长率前十位排名

经统计，2014～2018 年，特色产业基地中总收入年均增长速度最快的前三位基地为国家火炬绍兴高新区健康装备和医用新材料特色产业基地、国家火炬北京大兴新媒体特色产业基地、国家火炬景德镇陶瓷新材料及制品特色产业基地，年均复合增长率分别为 127.6%、96.6%、83.4%。2014～2018 年总收入年均复合增长率前十名基地情况如表 2－16 所示。

表 2－16　2014～2018 年特色产业基地总收入年均复合增长率前十名

序号	省市	产业基地名称	年均复合增长率（%）
1	浙江	国家火炬绍兴高新区健康装备和医用新材料特色产业基地	127.6
2	北京	国家火炬北京大兴新媒体特色产业基地	96.6
3	江西	国家火炬景德镇陶瓷新材料及制品特色产业基地	83.4

序号	省市	产业基地名称	年均复合增长率（%）
4	辽宁	国家火炬朝阳高新区新能源电器特色产业基地	73.7
5	湖北	国家火炬葛店生物技术与新医药特色产业基地	68.4
6	福建	国家火炬福鼎化油器特色产业基地	67.3
7	江苏	国家火炬无锡锡山轻型多功能电动车特色产业基地	62.2
8	浙江	国家火炬长兴无机非金属新材料特色产业基地	57.0
9	黑龙江	国家火炬大庆高新区新型复合材料及制品产业基地	46.8
10	江苏	国家火炬淮安盐化工特色产业基地	46.8

注：表中统计数据为 2014～2018 年可比数据（344 家基地）。

经统计，2014～2018 年，344 家特色产业基地中工业总产值年均增长速度最快的前三位基地为国家火炬景德镇陶瓷新材料及制品特色产业基地、国家火炬北京大兴新媒体特色产业基地、国家火炬济南先进机电与装备制造特色产业基地，年均复合增长率分别为 92.5%、90.4%、75.5%。2014～2018 年工业总产值增长最快前十名基地情况如表 2－17 所示。

表 2－17　2014～2018 年特色产业基地工业总产值年均复合增长率前十名

序号	省市	产业基地名称	年均复合增长率（%）
1	江西	国家火炬景德镇陶瓷新材料及制品特色产业基地	92.5
2	北京	国家火炬北京大兴新媒体特色产业基地	90.4
3	山东	国家火炬济南先进机电与装备制造特色产业基地	75.5
4	辽宁	国家火炬朝阳高新区新能源电器特色产业基地	73.0
5	浙江	国家火炬长兴无机非金属新材料特色产业基地	63.7
6	江苏	国家火炬无锡锡山轻型多功能电动车特色产业基地	62.9
7	安徽	国家火炬安庆经开区汽车零部件特色产业基地	60.4
8	黑龙江	国家火炬哈尔滨平房汽车制造特色产业基地	48.3
9	河北	国家火炬唐山陶瓷材料特色产业基地	47.6
10	黑龙江	国家火炬大庆高新区新型复合材料及制品产业基地	46.5

注：表中统计数据为 2014～2018 年可比数据（344 家基地）。

经统计，2014～2018 年，特色产业基地中上缴税额年均增长速度最快的前三位基地为国家火炬大庆高新区新型复合材料及制品特色产业基地、国家火炬盐城盐都输变电装备特色产业基地、国家火炬北京大兴新媒体特色产业基地，年均复合增长率分别为

158.2%、154.3%、132.0%。2014～2018 年特色产业基地上缴税额增长最快的前十名情况如表 2-18 所示。

表 2-18　2014～2018 年特色产业基地上缴税额年均复合增长率前十名

序号	省市	产业基地名称	年均复合增长率（%）
1	黑龙江	国家火炬大庆高新区新型复合材料及制品特色产业基地	158.2
2	江苏	国家火炬盐城盐都输变电装备特色产业基地	154.3
3	北京	国家火炬北京大兴新媒体特色产业基地	132.0
4	山西	国家火炬迎泽高端包装装备及材料特色产业基地	123.3
5	浙江	国家火炬长兴无机非金属新材料特色产业基地	103.4
6	湖北	国家火炬葛店生物技术与新医药特色产业基地	102.6
7	浙江	国家火炬临安电线电缆特色产业基地	93.4
8	江苏	国家火炬淮安盐化工特色产业基地	91.6
9	江苏	国家火炬姜堰汽车关键零部件特色产业基地	82.0
10	山东	国家火炬济南山大路电子信息特色产业基地	80.7

注：表中统计数据为 2014～2018 年可比数据（344 家基地）。

经统计，2014～2018 年，特色产业基地中净利润年均增长速度最快的前三位基地为国家火炬盐城盐都输变电装备特色产业基地、国家火炬北京大兴新媒体特色产业基地、国家火炬长兴无机非金属新材料特色产业基地，年均复合增长率分别为 153.6%、99.3%、97.0%。2014～2018 年净利润增长最快的前十名基地情况如表 2-19 所示。

表 2-19　2014～2018 年特色产业基地净利润年均复合增长率前十名

序号	省市	产业基地名称	年均复合增长率（%）
1	江苏	国家火炬盐城盐都输变电装备特色产业基地	153.6
2	北京	国家火炬北京大兴新媒体特色产业基地	99.3
3	浙江	国家火炬长兴无机非金属新材料特色产业基地	97.0
4	陕西	国家火炬西安阎良航空特色产业基地	87.6
5	江苏	国家火炬南京化工新材料特色产业基地	86.8
6	福建	国家火炬厦门视听通讯特色产业基地	79.7
7	山东	国家火炬临沂沂水功能性生物糖特色产业基地	77.6
8	江苏	国家火炬姜堰汽车关键零部件特色产业基地	75.6
9	陕西	国家火炬宝鸡高新区钛特色产业基地	54.8
10	四川	国家火炬成都金牛电子信息特色产业基地	53.0

注：表中统计数据为 2014～2018 年可比数据（344 家基地）。

经统计，2014～2018 年，特色产业基地中出口创汇年均增长速度最快的前三位基地为国家火炬绍兴高新区健康装备和医用新材料特色产业基地、国家火炬应城精细化工新材料特色产业基地、国家火炬无为特种电缆特色产业基地，年均复合增长率分别为226.0%、129.9%、100.4%。2014～2018 年特色产业基地出口创汇年均复合增长率前十名情况如表 2 - 20 所示。

表 2 - 20　2014～2018 年特色产业基地出口创汇年均复合增长率前十名

序号	省市	产业基地名称	年均复合增长率（%）
1	浙江	国家火炬绍兴高新区健康装备和医用新材料特色产业基地	226.0
2	湖北	国家火炬应城精细化工新材料特色产业基地	129.9
3	安徽	国家火炬无为特种电缆特色产业基地	100.4
4	江苏	国家火炬淮安盐化工特色产业基地	99.5
5	江苏	国家火炬泰州靖江新技术船舶特色产业基地	77.5
6	山西	国家火炬迎泽高端包装装备及材料特色产业基地	74.1
7	山东	国家火炬济宁生物制药与中成药特色产业基地	68.9
8	安徽	国家火炬黄山软包装新材料特色产业基地	64.0
9	广东	国家火炬中山古镇照明器材设计与制造特色产业基地	63.1
10	江苏	国家火炬无锡锡山轻型多功能电动车特色产业基地	62.4

注：表中统计数据为 2014～2018 年可比数据（344 家基地）。

经统计，2014～2018 年，344 家特色产业基地中企业总数年均增长速度最快的前三位基地为国家火炬济南新型功能材料特色产业基地、国家火炬迎泽高端包装装备及材料特色产业基地、国家火炬武清新金属材料特色产业基地，年均复合增长率分别为123.3%、102.6%、100.1%。2014～2018 年特色产业基地企业总数年均复合增长率前十名情况如表 2 - 21 所示。

表 2 - 21　2014～2018 年特色产业基地企业总数年均复合增长率前十名

序号	省市	产业基地名称	年均复合增长率（%）
1	山东	国家火炬济南新型功能材料特色产业基地	123.3
2	山西	国家火炬迎泽高端包装装备及材料特色产业基地	102.6
3	天津	国家火炬武清新金属材料特色产业基地	100.1
4	山东	国家火炬济南商河环保节能材料与装备特色产业基地	73.7
5	河北	国家火炬唐山陶瓷材料特色产业基地	67.3

序号	省市	产业基地名称	年均复合增长率（%）
6	山东	国家火炬菏泽单县玻纤特色产业基地	62.7
7	天津	国家火炬天津西青信息安全特色产业基地	49.5
8	黑龙江	国家火炬大庆高新区新型复合材料及制品产业基地	47.0
9	湖北	国家火炬谷城节能与环保特色产业基地	44.4
10	江苏	国家火炬无锡江阴智慧能源特色产业基地	43.6

注：表中统计数据为 2014～2018 年可比数据（344 家基地）。

第三章　县域基地发展

县域经济是国民经济的重要基础，提升经济发展质量效益，改革优化供给结构，构筑创新发展长远优势，活力在县域。特色产业具有较强的市场竞争力和产业带动能力，最能体现出县域的经济特色，是县域经济的重要依托。实践表明，特色产业基地建设是扶植县域重点产业和加快县域经济发展的重要平台。当前我国处于经济结构转型升级、新旧动能接续转换、扩大就业、经济提质增效、保持"双中高"的发展新阶段，基础在县域，活力在县域，难点也在县域。"创新火炬"是融通县域科技经济、打通科技创新与经济社会发展"最后一公里"通道的重要品牌。

2018 年特色产业基地中，有 304 家是县域基地，占基地总数的 62.9%。据 2014～2018 年连续上报的 344 家特色产业基地统计，其中有 235 家基地属于县域基地，占连续 5 年上报基地总数的 68.3%。统计数据显示，县域特色产业基地发展状况良好。火炬特色产业基地作为一面旗帜，将"创新火炬"品牌牢牢根植于基层，成为推动县市科技工作与经济发展深度融合的抓手。

一、县域基地发展基本情况

按东部、中部、西部和东北地区分布，县域基地主要集中在东部地区。截至 2018 年，东部地区已有 229 家基地，占到基地总量的 75.3%；中部地区基地数量 45 家，占基地总数的 14.8%；西部地区基地数量为 18 家，占基地总数的 5.9%；东北地区基地数量为 12 家，占基地总数的 3.9%，具体分布情况如表 3-1、表 3-2、表 3-3、表 3-4 和图 3-1 所示。

表 3-1　2018 年县域特色产业基地在东部地区各省市的分布情况汇总　　单位：家

省（自治区、直辖市、计划单列市）	基地数量	省（自治区、直辖市、计划单列市）	基地数量
江苏	102	河北	10
山东	52	福建	6
浙江	40	宁波	1
广东	18		
合计：229			

表 3-2　2018 年县域特色产业基地在中部地区各省市的分布情况汇总　　单位：家

省（自治区、直辖市、计划单列市）	基地数量	省（自治区、直辖市、计划单列市）	基地数量
安徽	12	山西	7
河南	10	湖南	6
湖北	8	江西	2
合计：45			

表 3-3　2018 年县域特色产业基地在西部地区各省市的分布情况汇总　　单位：家

省（自治区、直辖市、计划单列市）	基地数量	省（自治区、直辖市、计划单列市）	基地数量
陕西	4	新疆	2
内蒙古	3	贵州	1
四川	2	甘肃	1
云南	2	新疆生产建设兵团	1
宁夏	2		
合计：18			

表 3 – 4　2018 年县域特色产业基地在东北地区各省市的分布情况汇总　　单位：家

省（自治区、直辖市、计划单列市）	基地数量	省（自治区、直辖市、计划单列市）	基地数量
辽宁	6	黑龙江	3
吉林	3		
合计：12			

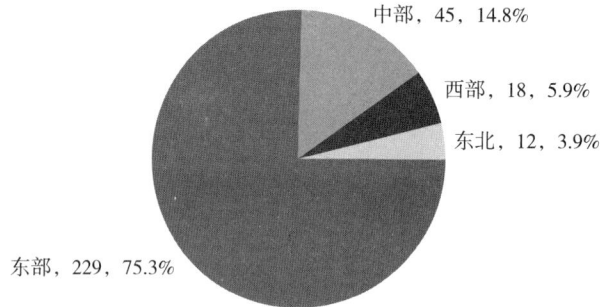

图 3 – 1　2018 年全国县域基地地区分布情况

东、中、西部差距仍较明显。通过县域基地数量对比，基地建设集中分布在东部沿海城市，各省市基地数量差距仍较明显。基地数量排名前三的江苏、山东、浙江三省的基地数量分别为 102 家、52 家、40 家，分别占基地总数的 33.6%、17.1%、13.2%。中部地区除江西外，安徽、河南、湖北、山西、湖南各省均超过 5 家；西部地区陕西基地数量达到 4 家；东北地区仅有辽宁超过 5 家。具体分布情况如表 3 – 5 所示。

表 3 – 5　2018 年县域特色产业基地在全国各省市的分布情况汇总　　单位：家

省（自治区、直辖市、计划单列市）	基地数量	省（自治区、直辖市、计划单列市）	基地数量
江苏	102	吉林	3
山东	52	黑龙江	3
浙江	40	内蒙古	3
广东	18	四川	2
安徽	12	江西	2
河北	10	云南	2
河南	10	宁夏	2
湖北	8	新疆	2

省（自治区、直辖市、计划单列市）	基地数量	省（自治区、直辖市、计划单列市）	基地数量
山西	7	贵州	1
辽宁	6	宁波	1
福建	6	甘肃	1
湖南	6	新疆生产建设兵团	1
陕西	4		
合计：304			

省市基地建设数量仍存在差距。截至 2018 年底，江苏省的特色产业基地几乎是位居第二名的山东省的近 2 倍，是位居第三名的浙江省的 2.5 倍。江苏省特色产业基地的数量高于第二、第三名的总和。特色产业基地在各省市的分布排序情况如图 3-2 所示。

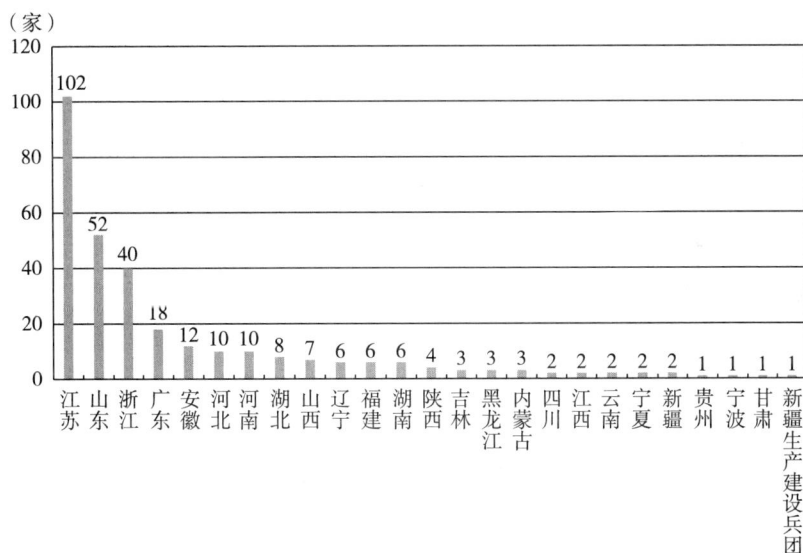

图 3-2　全国县域基地在各省市分布

从分布范围看，特色产业基地的分布与经济发展基础密切相关，各区域的经济发展状况有所差别，特色产业基地的发展情况也就有所不同。从东部、中部、西部的分布来看，东部地区的特色产业基地分布比较密集，基地总数是中部、西部以及东北地区基地总数的3 倍多。

东部地区基地企业数量及发展总量远高于中西部和东北地区。2018 年，县域特色产业基地内企业总数为 113320 家，其中东部地区有 98639 家，占到基地企业总数的 87.0%。东部地区中高新技术企业 7638 家，占县域基地高新技术企业总数的 79.3%；国内上市企业 515 家，占县域基地国内上市企业总数的 76.6%；境外上市企业 107 家，占县域基地境外上市企业总数的 87.7%；新三板挂牌企业 265 家，占县域基地新三板挂牌企业总数的 74.6%；科技型中小企业 4568 家，占县域基地科技型中小企业总数的 77.6%；营业收入超 10 亿元企业 997 家，占县域基地同类企业总数的 78.0%。具体情况如表 3-6 所示。

表 3-6　2018 年县域特色产业基地企业分布情况　　　　单位：家,%

企业分布	东部	东部占比	中部	中部占比	西部	西部占比	东北	东北占比	合计
基地内企业数	98639	87.0	11043	9.7	2482	2.2	1156	1.0	113320
其中：高新技术企业	7638	79.3	1599	16.6	236	2.5	159	1.7	9632
国内上市企业	515	76.6	96	14.3	44	6.5	17	2.5	672
境外上市企业	107	87.7	9	7.4	2	1.6	4	3.3	122
新三板挂牌企业	265	74.6	67	18.9	17	4.8	6	1.7	355
科技型中小企业	4568	77.6	960	16.3	282	4.8	75	1.3	5885
营业收入超 10 亿元企业	997	78.0	233	18.2	36	2.8	13	1.0	1279

2018 年特色产业基地的经济发展情况总体良好，但经济总量仍存在较大差距。2018 年 304 家县域特色产业基地经济指标统计显示，东部县域基地工业总产值为 57661.8 亿元，占全国县域基地工业总产值的 79.1%；中部县域基地工业总产值为 11235.5 亿元，占全国县域基地工业总产值的 15.4%；西部县域基地工业总产值为 2685.3 亿元，占全国县域基地工业总产值的 3.7%；东北地区县域基地工业总产值为 1285.8 亿元，占全国县域基地工业总产值的 1.8%。东部地区县域基地经济发展总量明显高于中部、西部及东北地区，具体情况如表 3-7 所示。

表 3-7　2018 年县域特色产业基地经济发展指标

经济发展指标	东部	东部占比（%）	中部	中部占比（%）	西部	西部占比（%）	东北	东北占比（%）	合计
工业总产值（亿元）	57661.8	79.1	11235.5	15.4	2685.3	3.7	1285.8	1.8	72868.4

续表

经济发展指标	东部	东部占比（%）	中部	中部占比（%）	西部	西部占比（%）	东北	东北占比（%）	合计
其中：骨干企业产值（亿元）	34669.1	78.1	6630.3	14.9	2052.5	4.6	1015.8	2.3	44367.8
总收入（亿元）	58626.0	80.1	10591.9	14.5	2707.8	3.7	1268.2	1.7	73193.9
技术性收入（亿元）	1254.9	79.0	228.1	14.4	69.5	4.4	35.2	2.2	1587.8
出口总额（亿美元）	1339.0	94.6	58.5	4.1	13.6	1.0	4.9	0.3	1416.0
上缴税额（亿元）	3051.1	77.1	521.9	13.2	239.3	6.0	144.5	3.7	3956.7
净利润（亿元）	3962.1	84.3	577.6	12.3	65.3	1.4	94.6	2.0	4699.5

二、县域基地的区域分布情况

（一）工业总产值

2014~2018年，235家县域基地工业总产值由2014年的56994.3亿元增长至2018年的61311.4亿元，占344家基地工业总产值的比例略有下降，平均在65%左右。工业总产值年均复合增速为1.8%，比344家基地年均复合增速2.7%低0.9%，具体情况如表3-8所示。

表3-8 2014~2018年县域特色产业基地实现工业总产值情况

	2014年	2015年	2016年	2017年	2018年	年均复合增速（%）
344家基地工业总产值（亿元）	85371.1	88688.9	93444.1	93682.5	94900.5	2.7
235家县域基地工业总产值（亿元）	56994.3	59133.3	61361.9	60956.1	61311.4	1.8
县域基地占比（%）	66.8	66.7	65.7	65.1	64.6	—

注：表中统计数据为2014~2018年连续上报的344家基地的可比数据，其中235家为县域基地，下同（表3-9至表3-12）。

（二）总收入

2014~2018年，235家县域基地总收入由2014年的57227.6亿元增长至2018年的

61415.0 亿元，占 344 家基地总收入的比例略有下降，由 68.9% 下降至 65.7%。总收入平均复合增速为 1.8%，比 344 家基地平均增速低 1.2 个百分点，具体情况如表 3 - 9 所示。

表 3 - 9　2014～2018 年县域特色产业基地实现总收入情况

	2014 年	2015 年	2016 年	2017 年	2018 年	年均复合增速（%）
344 家基地总收入（亿元）	83050.9	86690.6	90765.9	91624.7	93513.5	3.0
235 家县域基地总收入（亿元）	57227.6	59939.4	61279.4	61256.2	61415.0	1.8
县域基地占比（%）	68.9	69.1	67.5	66.9	65.7	—

（三）净利润

2014～2018 年，235 家县域基地净利润由 2014 年的 3958.7 亿元下降至 2018 年的 3935.0 亿元，占 344 家基地净利润的比例基本在 69%～71% 浮动。净利润年均复合增速为 - 0.1%，比 344 家基地年均复合增速低 0.8 个百分点，具体情况如表 3 - 10 所示。

表 3 - 10　2014～2018 年县域特色产业基地净利润情况

	2014 年	2015 年	2016 年	2017 年	2018 年	年均复合增速（%）
344 家基地净利润（亿元）	5684.1	5772.3	5882.7	5689.0	5836.6	0.7
235 家县域基地净利润（亿元）	3958.7	4097.6	4197.0	3932.8	3935.0	- 0.1
县域基地占比（%）	69.6	71.0	71.3	69.1	67.4	—

（四）上缴税额

2014～2018 年，235 家县域基地上缴税额由 2014 年的 3448.2 亿元下降至 2018 年的 3355.2 亿元，占 344 家基地上缴税额的比例有所波动，由 70.8% 下降至 63.4%，降低了 7.4%。上缴税额年均复合增速为 - 0.7%，比 344 家基地年均复合增速低 2.8 个百分点，具体情况如表 3 - 11 所示。

表 3 - 11　2014～2018 年县域特色产业基地上缴税额情况

	2014 年	2015 年	2016 年	2017 年	2018 年	年均复合增速（%）
344 家基地上缴税额（亿元）	4868.2	4651.3	4993.3	5051.7	5290.0	2.1
235 家县域基地上缴税额（亿元）	3448.2	3230.0	3501.2	3348.1	3355.2	-0.7
县域基地占比（%）	70.8	69.4	70.1	66.3	63.4	—

（五）出口创汇

2014～2018 年，235 家县域基地出口创汇额由 2014 年的 1238.5 亿美元降至 2018 年的 1160.4 亿美元，减少了 6.3%，年均复合增速为 -1.6%，比 344 家基地年均复合增速低 0.3 个百分点；所占 344 家基地出口创汇额的比例由 73.9% 降至 72.9%，下降了 1%。这主要是受宏观经济下行、国内人力成本的持续上涨、物流成本的大幅度增加以及出口成本的不断增加等诸多因素影响。具体情况如表 3 - 12 所示。

表 3 - 12　2014～2018 年县域特色产业基地出口创汇情况

	2014 年	2015 年	2016 年	2017 年	2018 年	年均复合增速（%）
344 家基地出口创汇（亿美元）	1676.5	1668.2	1509.5	1518.7	1592.1	-1.3
235 家县域基地出口创汇（亿美元）	1238.5	1231.3	1105.8	1121.2	1160.4	-1.6
县域基地占比（%）	73.9	73.8	73.3	73.8	72.9	—

三、成为县域经济转型升级的新动能

（一）县域基地总体发展情况

1. 推动县域经济总量保持平稳增长

2018 年，全国范围内县域特色产业基地发展到 304 家。根据火炬统计数据（下同），县域基地实现工业总产值 72868.4 亿元，占全国特色产业基地的 66.4%；县域基地实现总收入 73193.9 亿元，占全国特色产业基地的 67.4%；县域基地实现净利润 4699.5 亿元，占全国特色产业基地的 68.4%；县域基地实现出口创汇 1416.0 亿美元，占全国特色产业基地的 75.5%。数据显示，在特色产业基地经济总量平稳增长的过程中，县域经济发挥了重要的作用。

2. 五年来，县域基地发展趋势良好

随着特色产业基地数量和经济总量的快速增长，特色产业基地在地方经济发展中的引领作用日益突出，成为县域特色优势产业集聚的重要载体以及推动县域经济增长的重要引擎。根据五年连续上报的可比数据分析，2018 年 235 家县域特色产业基地实现工业总产值 61311.4 亿元、总收入 61415.0 亿元，与 2014 年相比，两项指标分别增加 7.6% 和 7.3%；实现出口创汇额 1160.4 亿美元、上缴税额 3355.2 亿元、净利润 3935.0 亿元，与 2014 年相比，三项指标，出口创汇、上缴税额和净利润分别减少 6.3%、2.7% 和 0.6%。

3. 产业分布

（1）县域基地在重点领域的分布。

截至 2018 年底，304 家基地中，先进制造与自动化基地 119 家，占基地总量的 39.1%；新材料基地 79 家，占基地总量的 26.0%；生物与新医药基地 49 家，占基地总量的 16.1%。先进制造与自动化、新材料及生物与新医药型基地数量占特色产业基地总量的 81.3%，县域特色产业基地中超过八成的主导产业集中在这三大领域，各领域分布情况如图 3 - 3 所示。

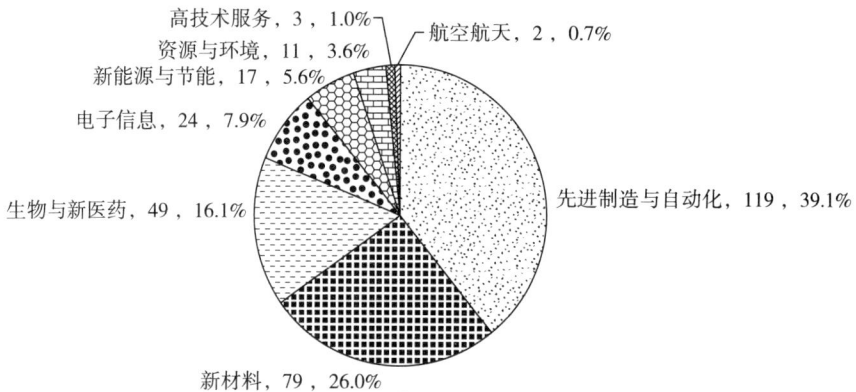

高技术服务，3，1.0%　　航空航天，2，0.7%
资源与环境，11，3.6%
新能源与节能，17，5.6%
电子信息，24，7.9%
生物与新医药，49，16.1%
先进制造与自动化，119，39.1%
新材料，79，26.0%

图 3 - 3　县域基地主导产业在各领域的分布情况

（2）县域基地企业在重点领域的分布。

2018 年，304 家县域基地特色产业基地入驻企业共 113320 家，主要分布于五个重点领域，其中先进制造与自动化领域 36673 家，占县域基地企业总数的 32.4%；高技术服务领域 19755 家，占县域基地企业总数的 17.4%；生物与新医药领域 16805 家，占县域基地企业总数的 14.8%；新材料领域 15749 家，占县域基地企业总数的 13.9%；资源与环境领域 11025 家，占县域基地企业总数的 9.7%。县域基地按领域统计各类企业分布情况如表 3 - 13 所示。

表 3 - 13　2018 年县域特色产业基地各领域内各类企业分布情况　　　单位：家,%

各类企业分布	先进制造与自动化	新材料	生物与新医药	电子信息	新能源与节能	资源与环境	高技术服务	航空航天	合计
基地内企业数	36673	15749	16805	10838	2362	11025	19755	113	113320
各领域基地企业数占比	32.4	13.9	14.8	9.6	2.1	9.7	17.4	0.1	100
其中：高新技术企业	4206	2019	1093	1030	579	322	351	32	9632
国内上市企业	188	210	132	47	43	28	22	2	672
境外上市企业	21	27	29	33	5	5	2	0	122
新三板挂牌企业	118	57	70	55	26	23	5	1	355
科技型中小企业	2011	1158	732	1145	329	275	219	16	5885
营业收入超 10 亿元企业	510	387	157	92	69	34	26	4	1279

2018 年县域特色产业基地中，先进制造与自动化领域工业总产值 27137.7 亿元、新材料 22838.7 亿元、生物与新医药 9509.0 亿元、电子信息 6072.9 亿元、新能源与节能 3725.1 亿元。具体重点领域经济发展情况如表 3 - 14 所示。

表 3 - 14　2018 年县域特色产业基地重点领域经济发展指标

产业领域	先进制造与自动化	新材料	生物与新医药	电子信息	新能源与节能	资源与环境	高技术服务	航空航天	合计
工业总产值（亿元）	27137.7	22838.7	9509.0	6072.9	3725.1	2784.3	611.6	189.2	72868.4
各领域工业总产值占比（%）	37.2	31.3	13.0	8.3	5.1	3.8	0.8	0.3	100.0
其中：骨干企业产值（亿元）	16537.9	13644.5	4956.3	4315.8	2704.9	1661.6	421.7	125.1	44367.8
总收入（亿元）	26768.1	22618.2	10118.9	5832.9	3645.2	2821.8	1274.7	114.1	73193.9
技术性收入（亿元）	533.3	348.4	242.1	152.2	50.1	82.5	178.6	0.5	1587.8

产业领域	先进制造与自动化	新材料	生物与新医药	电子信息	新能源与节能	资源与环境	高技术服务	航空航天	合计
出口总额（亿美元）	497.2	412.9	119.0	319.9	38.8	17.8	10.4	0.1	1416.0
上缴税额（亿元）	1343.5	1312.5	540.7	298.0	181.7	177.8	87.4	15.1	3956.7
净利润（亿元）	1602.7	1519.1	787.9	321.7	174.1	207.9	81.0	5.1	4699.5

（二）县域基地建设推动企业聚集

1. 县域基地内企业加快聚集

统计数据显示，2018 年 304 家县域特色产业基地内共集聚 113320 家企业，其中高新技术企业 9632 家，国内上市企业 672 家，境外上市企业 122 家，新三板挂牌企业 355 家。

2. 形成大中小企业协同发展的局面

特色产业基地充分发挥龙头带动作用，依托骨干企业，促进上下游企业加快集聚，形成了骨干企业"顶天立地"、中小企业"铺天盖地"的蓬勃发展态势。2018 年数据显示，235 家基地内的企业数为 92959 家，其中，高新技术企业 7943 家，国内上市企业 574 家，境外上市企业 113 家。数据显示，2018 年基地企业数量有 3.3% 的增幅，基地企业创新能力和质量有了较大的提高，例如基地内高新技术企业数和上市企业数分别比 2014 年增加 53.5%、74.4%。具体汇总情况如表 3 - 15 所示。

表 3 - 15　2014～2018 年县域特色产业基地企业汇总　　　　　单位：家

年份	2014	2015	2016	2017	2018
企业总数	77724	79643	87832	89951	92959
其中：高新技术企业	5176	5543	6159	6838	7943
国内上市企业	303	371	459	548	574
境外上市企业	91	117	116	117	113

注：表中统计数据为 2014～2018 年连续上报 344 家基地的可比数据，其中 235 家为县域基地。

（三）推动县域科技服务能力及平台建设

1. 县域科技服务能力得以提升

2018 年，304 家县域基地内共有从业人员 812.0 万人，占 439 家基地从业人员总数的

69.7%；其中大专学历以上人员 253.0 万人。在这部分人员中，有博士 14892 人，硕士 78454 人。共有国家工程技术中心和国家工程研究中心 261 个，省部级及以上重点实验室 221 个，省部级及以上企业技术中心 1629 个，市级企业技术中心 6620 个，企业博士后工作站 773 个，院士工作站 334 个；拥有国家级孵化器 260 家，国家级生产力促进中心 57 家，国家技术转移示范机构 86 个。这些机构与人才有效地促进了基地科技创新和科技成果转化工作，特色产业基地已成为推动区域创新创业的重要载体。

2. 营造有利于产业发展的创新环境

特色产业基地积极营造良好的创新创业环境，加速推动科技创新创业，支撑特色产业转型升级。截至 2018 年，235 家基地共有国家工程技术中心 121 个，比 2014 年增长了 5.2%；国家工程研究中心 85 个，比 2014 年增长了 30.8%；省级企业技术中心 1355 个，比 2014 年增长了 44.5%；市级企业技术中心 5795 个，比 2014 年增长了 23.9%；企业博士后工作站 667 个，比 2014 年增长了 30.0%；产品检验检测平台 595 个，比 2014 年增长了 36.8%。基地内服务机构 2338 个，其中国家级孵化器 214 个，国家级生产力促进中心 50 个，国家技术转移机构 72 个；科技担保机构 360 个，比 2014 年增长了 21.6%；行业组织 454 个，比 2014 年增长了 34.3%。增幅比较大的是省级企业技术中心、产品检验检测平台、国家工程研究中心和企业博士后工作站，四者增幅均超过 30%。数据显示，特色产业基地创新创业环境进一步优化，具体汇总情况如表 3-16、表 3-17、表 3-18 所示。

表 3-16　2014~2018 年县域特色产业基地研发机构汇总　　　　　单位：个

年份	2014	2015	2016	2017	2018
国家工程技术中心	115	120	120	121	121
国家工程研究中心	65	77	79	82	85
省级企业技术中心	938	987	1097	1174	1355
市级企业技术中心	4677	4956	5553	5718	5795
企业博士后工作站	513	556	598	638	667
产品检测检验平台	435	487	499	565	595

注：表中统计数据为 2014~2018 年连续上报 344 家基地的可比数据，其中 235 家为县域基地。

表 3 - 17　　2014～2018 年县域特色产业基地服务机构汇总　　单位：个

年份	2014	2015	2016	2017	2018
基地内服务机构	2820	2100	2171	2338	2338
其中：科技担保机构	296	332	348	360	360
行业组织	338	352	381	392	454

注：表中统计数据为 2014～2018 年连续上报 344 家基地的可比数据，其中 235 家为县域基地。

表 3 - 18　　2016～2018 年县域特色产业基地国家级服务机构情况　　单位：个

年份	国家级孵化器	国家级生产力促进中心	国家技术转移机构
2016	183	55	60
2017	210	56	71
2018	214	50	72

注：表中统计数据为 2014～2018 年连续上报 344 家基地的可比数据，其中 235 家为县域基地。

（四）促进地方提升自主创新能力

1．加快各类创新资源的聚集

特色产业基地的建设有效集聚了各类创新资源，不断激发了企业创新热情，提高了企业自主创新能力。2018 年，304 家县域基地内企业的研发总投入为 1945.3 亿元，占 439 家基地研发总投入的 63.8%；申请国内专利 26.1 万件，其中申请发明专利 7.2 万件，实用新型专利 11.8 万件，分别占 439 家基地专利申请数的 69.8%、63.6%、67.7%；企业获得专利授权 14.5 万件，其中发明专利 2.0 万件；申请国外专利 2335 件，取得软件著作权登记数 8181 件。2018 年，304 家县域基地共获得 119 项国家科技重大专项项目立项支持，具体情况如表 3 - 19 所示。

表 3 - 19　　县域基地申请专利及专利授权情况　　单位：件，%

	304 家县域基地	439 家基地	304 家基地知识产权占比
申请国内专利	261166	374379	69.8
其中：发明专利	71831	112958	63.6
实用新型专利	117877	174173	67.7

	304 家县域基地	439 家基地	304 家基地知识产权占比
申请国外专利	2335	3152	74.1
软件著作权登记	8181	20194	40.5
专利授权	145001	203122	71.4
其中：发明专利授权	19758	33573	58.9

2. 提升了企业技术创新能力

特色产业基地不断积聚创新要素，支持、引导和促进企业成为技术创新的主体。2018年，235 家特色产业基地内企业承担国家科技重大专项 74 项；企业研发投入约占企业总收入的 2.6%，基地整体创新能力不断增强。2018 年，基地国内专利申请数达到 22.0 万件，其中发明专利 6.0 万件，实用新型专利 9.7 万件；国外专利申请数达 1808 件；软件著作权登记 6889 件；当年专利授权数达 12.2 万件，其中发明专利授权数 1.6 万件，比2014 年均有较大的增幅，分别增长了 47.0% 和 91.0%，具体汇总情况如表 3 - 20、表 3 - 21 所示。

表 3 - 20　2014~2018 年县域特色产业基地企业研发投入汇总　　　　单位：亿元

年份	2014	2015	2016	2017	2018
企业研发投入	1276.1	1288.6	1417.8	1467.7	1587.8

注：表中统计数据为 2014~2018 年连续上报 344 家基地的可比数据，其中 235 家为县域基地。

表 3 - 21　2014~2018 年县域特色产业基地专利申请及授权数　　　　单位：件

年份	2014	2015	2016	2017	2018
申请国外专利数	903	1520	1468	1346	1808
申请国内专利数	146072	163164	187303	195928	219606
其中：发明专利	35820	42325	49345	51757	60492
实用新型专利	57045	68471	79570	84692	96659
软件著作权登记	3204	4037	4036	5590	6889
专利授权	82952	99044	104593	108425	121596
其中：发明专利授权	8354	11934	14823	15052	15960

注：表中统计数据为 2014~2018 年连续上报 344 家基地的可比数据，其中 235 家为县域基地。

3. 促进大批人才向特色产业基地集聚

特色产业基地建设集聚了大批创新创业人才，截至 2018 年，235 家县域基地从业人员总数为 622.4 万人，研发人员总数为 59.8 万人，博士数量达到 1.2 万人，硕士数量达到 6.3 万人；基地从业人员总数相比 2014 年有所减少，但研发人员总数比 2014 年增长了 4.5%。人才的集聚，为地方产业发展提供了关键支撑，具体汇总情况如表 3 – 22 所示。

表 3 – 22   2014～2018 年县域特色产业基地从业人员汇总

年份	2014	2015	2016	2017	2018
企业从业人员总数（万人）	632.8	633.3	637.3	627.0	622.4
企业研究开发人员（万人）	57.2	55.9	58.7	59.3	59.8
大专及以上学历人员（万人）	197.3	203.4	209.3	212.9	214.1
大专及以上学历人员占比（%）	31.2	32.1	32.8	33.9	34.4
硕士学历人员占大专以上人员比例（%）	2.4	2.6	2.7	2.8	3.0
博士学历人员占大专以上人员比例（%）	0.5	0.5	0.5	0.5	0.6

注：表中统计数据为 2014～2018 年连续上报 344 家基地的可比数据，其中 235 家为县域基地。

（五）县域经济发展实力逐年增强

通过对 235 家基地主要经济指标对比分析，2014～2018 年，特色产业基地经济规模扩大，净利润实现增长，但上缴税额和出口创汇能力有所减弱。2018 年，235 家县域基地的工业总产值达到 61311.4 亿元，比 2014 年增长了 7.6%，复合增长率为 1.8%；235 家基地实现总收入为 61415.0 亿元，比 2014 年增长了 7.3%，复合增长率为 1.8%；实现出口创汇额 1160.4 亿美元，比 2014 年减少了 6.3%，复合增长率为 - 1.6%；实现上缴税额 3355.2 亿元，比 2014 年减少了 2.7%，复合增长率为 - 0.7%；净利润为 3935.0 亿元，比 2014 年增长了 0.6%，复合增长率为 0.1%。具体汇总情况如表 3 – 23 所示。

表 3 – 23   2014～2018 年特色产业基地经济发展汇总

年份	工业总产值（亿元）	总收入（亿元）	出口创汇额（亿美元）	上缴税额（亿元）	净利润（亿元）
2014	56994.3	57227.6	1238.5	3448.2	3958.7
2015	59133.3	59939.4	1231.3	3230.0	4097.6

年份	工业总产值 （亿元）	总收入 （亿元）	出口创汇额 （亿美元）	上缴税额 （亿元）	净利润 （亿元）
2016	61361.9	61279.4	1105.8	3501.2	4197.0
2017	60956.1	61256.2	1121.2	3348.1	3932.8
2018	61311.4	61415.0	1160.4	3355.2	3935.0
2014～2018 年增长率（％）	7.6	7.3	－6.3	－2.7	0.6
2014～2018 年复合增长率（％）	1.8	1.8	－1.6	－0.7	0.1

注：表中统计数据为 2014～2018 年连续上报 344 家基地的可比数据，其中 235 家为县域基地。

特色产业基地坚持依靠科技创新引领和带动区域特色产业优化升级及产业结构调整，积极推动特色产业发展成为当地的支柱产业或主导产业，成为县域发展的新亮点及新动能。

第四章　管理推动工作

2018 年，在科技部领导下，火炬中心进一步加大组织、协调、推进和管理力度，促进全国特色产业基地建设和发展。

一、加强培训　提高机构管理水平

2017 年，科技部火炬中心以江苏省和山东省为试点省份，组织开展了 2016 年度基地创新发展评价工作，并计划将评价工作推广至全国范围。为使基地评价指标体系更加合理，评价结果更具有指导意义，2018 年 5 月 11 日，火炬中心在江苏淮安召开了"国家火炬特色产业基地评价工作座谈会"，会议由江苏省科技厅相关工作负责人以及江苏省部分基地（共计 16 家）共同参与。会上各参会基地根据自身发展实际并结合评价结果，讨论了基地评价指标体系合理性，并提出了相应的意见和建议。

为贯彻落实党的十九大精神，推动特色产业基地实现高质量发展，更好地发挥特色产业基地对地方经济发展的引领、带动作用，2018 年 10 月 9 ~ 10 日、10 月 11 ~ 12 日，火炬中心组织 2015 ~ 2018 年新核定基地日常管理机构的负责人，分两期分别在重庆涪陵和浙江莫干山参加"推动国家火炬特色产业基地实现高质量发展研讨会"，每期研讨会分别有 45 家基地参加。会议的主题涉及特色产业基地建设的相关要求、专家介绍相关行业发展情况、国家支持企业发展的相关政策解读，以及基地代表交流基地建设和发展的经验等。

二、新核定7家特色产业基地

2018 年，经地方政府申请、省级科技行政主管部门推荐、专家评议论证等程序，新核定了 7 家国家火炬特色产业基地，具体情况如表 4 - 1 所示。

表 4 - 1　2018 年新核定特色产业基地

序号	基地名称	所在省
1	国家火炬七台河石墨及石墨烯特色产业基地	黑龙江
2	国家火炬淮北濉溪铝基复合材料特色产业基地	安徽
3	国家火炬阜阳界首高新区粮食机械特色产业基地	
4	国家火炬威海南海新区海洋油气装备特色产业基地	山东
5	国家火炬济宁邹城精细有机材料特色产业基地	
6	国家火炬商丘宁陵新型复合肥特色产业基地	河南
7	国家火炬荆门高新区再生资源利用与环保特色产业基地	湖北

三、规范管理　做好复核

为加强国家特色产业基地的管理，推动基地有质量、有效益、可持续地发展，根据《国家火炬特色产业基地建设管理办法》的有关规定，2018 年，火炬中心对 2010 年、2011 年和 2014 年认定的特色产业基地开展了复核，共计 82 家。

就复核工作的结果来看，在参与复核的 82 家基地中，有 74 家基地通过了复核（见表 4 - 2），有 8 家基地没有通过复核，被取消了国家火炬特色产业基地资格（见表 4 - 3）。火炬中心通过网站公布了复核结果，2018 年各地区特色产业基地复核的数量统计如表 4 - 2 所示。

表 4 - 2 2018 年特色产业基地各省市复核情况汇总   单位：家

序号	地区	数量	序号	地区	数量
1	天津	3	10	山东	18
2	河北	3	11	河南	2
3	山西	2	12	湖北	1
4	辽宁	3	13	广东	2
5	江苏	23	14	重庆	1
6	浙江	6	15	陕西	2
7	安徽	2	16	大连	2
8	福建	1	17	厦门	1
9	江西	1	18	青岛	1
合计：74					

表 4 - 3 2018 年取消国家火炬特色产业基地称号的基地名单

序号	基地名称	所在省
1	国家火炬张家口新能源装备特色产业基地	河北
2	国家火炬辽宁调兵山煤机装备制造特色产业基地	辽宁
3	国家火炬辽宁换热设备特色产业基地	
4	国家火炬计划辽宁（万家）数字技术特色产业基地	
5	国家火炬盐城物联网特色产业基地	江苏
6	国家火炬计划无锡滨湖高效节能装备特色产业基地	
7	国家火炬单县光伏光热特色产业基地	山东
8	国家火炬计划广饶子午胎特色产业基地	

四、组织调研吉林省中医药特色产业基地建设情况

为进一步推动国家火炬中医药特色产业基地高质量创新发展，2018 年 7 月 11～15 日，科技部火炬中心组织由特色产业基地处、中国中医药科技开发交流中心规划认证处的工作人员及专家组成的调研组，由火炬中心段俊虎同志带队赴吉林省敦化中药、梅河口现代中医药、通化县中药、通化市生物医药四家国家火炬特色产业基地开展基地建设专家行

活动。调研组通过座谈与实地调研相结合的形式，分别听取了敦化市、梅河口市、通化市和通化县政府对相关基地情况的汇报；分别实地走访了敦化市凯莱英医药、梅河口市金宝制药、通化市修正药业等10家基地骨干企业；分别与敦化敖东延边药业、梅河口四环制药、通化东宝药业等32家企业进行了座谈交流，并就基地及企业建设与发展中存在的问题进行专家诊断把脉，提出建议。

附　录

一、基地名录

附表1　特色产业基地一览表（1）——东部地区　　　　　　共计313家

特色产业基地名称	批准年份	所在地	数量（家）
国家火炬北京大兴新媒体特色产业基地	2005	北京	1
国家火炬天津空港经济区现代纺织特色产业基地	2009	天津	9
国家火炬天津东丽节能装备特色产业基地	2011		
国家火炬天津西青信息安全特色产业基地	2011		
国家火炬天津中北汽车特色产业基地	2012		
国家火炬武清新金属材料特色产业基地	2012		
国家火炬天津京滨石油装备特色产业基地	2012		
国家火炬武清汽车零部件特色产业基地	2013		
国家火炬天津京津电子商务特色产业基地	2014		
国家火炬天津陈塘工程设计特色产业基地	2017		
国家火炬保定新能源与能源设备特色产业基地	2003	河北	12
国家火炬唐山陶瓷材料特色产业基地	2004		
国家火炬唐山焊接特色产业基地	2006		
国家火炬邯郸新型功能材料特色产业基地	2006		
国家火炬宁晋太阳能硅材料特色产业基地	2006		

特色产业基地名称	批准年份	所在地	数量（家）
国家火炬承德仪器仪表特色产业基地	2006	河北	12
国家火炬廊坊大数据特色产业基地	2006		
国家火炬保定安国现代中药特色产业基地	2007		
国家火炬衡水高新区工程橡胶特色产业基地	2009		
国家火炬廊坊大城绝热节能材料特色产业基地	2010		
国家火炬唐山高新区机器人特色产业基地	2011		
国家火炬邢台沙河现代功能与艺术玻璃特色产业基地	2014		
国家火炬上海南汇医疗器械特色产业基地	2005	上海	10
国家火炬上海张堰新材料深加工特色产业基地	2006		
国家火炬上海安亭汽车零部件特色产业基地	2007		
国家火炬上海青浦先进结构与复合材料特色产业基地	2007		
国家火炬上海奉贤输配电特色产业基地	2007		
国家火炬上海环同济研发设计服务特色产业基地	2009		
国家火炬上海枫泾高端智能装备特色产业基地	2009		
国家火炬上海青浦北斗导航特色产业基地	2017		
国家火炬上海松江洞泾人工智能特色产业基地	2017		
国家火炬上海青浦智慧物流特色产业基地	2017		
国家火炬海门化工和生物医药材料特色产业基地	1995	江苏	127
国家火炬昆山传感器特色产业基地	2000		
国家火炬吴中医药特色产业基地	2001		
国家火炬连云港化学创新药和现代中药特色产业基地	2001		
国家火炬锡山化工材料特色产业基地	2002		
国家火炬宜兴无机非金属材料特色产业基地	2002		
国家火炬吴江光电缆特色产业基地	2002		
国家火炬南通化工新材料特色产业基地	2002		
国家火炬丹阳高性能合金材料特色产业基地	2002		
国家火炬扬中电力电器特色产业基地	2002		
国家火炬镇江光电子与通信元器件特色产业基地	2002		
国家火炬姜堰汽车关键零部件特色产业基地	2002		
国家火炬常州轨道交通车辆及部件特色产业基地	2003		
国家火炬常州高新区生物药和化学药特色产业基地	2003		
国家火炬武进建材特色产业基地	2003		
国家火炬常熟高分子材料特色产业基地	2003		
国家火炬昆山模具特色产业基地	2003		
国家火炬江宁智能电网特色产业基地	2004		
国家火炬南京浦口生物医药特色产业基地	2004		

特色产业基地名称	批准年份	所在地	数量（家）
国家火炬惠山特种冶金新材料特色产业基地	2004		
国家火炬金坛精细化学品特色产业基地	2004		
国家火炬太仓高分子材料特色产业基地	2004		
国家火炬通州电子元器件及材料特色产业基地	2004		
国家火炬东海硅材料特色产业基地	2004		
国家火炬邗江数控金属板材加工设备特色产业基地	2004		
国家火炬镇江沿江绿色化工特色产业基地	2004		
国家火炬靖江微特电机及控制特色产业基地	2004		
国家火炬南京化工新材料特色产业基地	2005		
国家火炬江阴高性能合金材料及制品特色产业基地	2005		
国家火炬苏州汽车零部件特色产业基地	2005		
国家火炬常熟电气机械特色产业基地	2005		
国家火炬张家港精细化工特色产业基地	2005		
国家火炬启东生物医药特色产业基地	2005		
国家火炬泰州医药特色产业基地	2005		
国家火炬兴化特种合金材料及制品特色产业基地	2005		
国家火炬泰兴精细专用化学品特色产业基地	2005		
国家火炬无锡新区汽车电子及部件特色产业基地	2006	江苏	127
国家火炬徐州工程机械特色产业基地	2006		
国家火炬盐城纺织机械特色产业基地	2006		
国家火炬扬州汽车及零部件特色产业基地	2006		
国家火炬无锡锡山轻型多功能电动车特色产业基地	2007		
国家火炬无锡宜兴电线电缆特色产业基地	2007		
国家火炬常州输变电设备特色产业基地	2007		
国家火炬南通海安电梯设备特色产业基地	2007		
国家火炬苏州昆山电路板特色产业基地	2008		
国家火炬盐城亭湖环保装备特色产业基地	2008		
国家火炬南京江宁可再生能源特色产业基地	2009		
国家火炬无锡江阴智慧能源特色产业基地	2009		
国家火炬徐州经济开发区新能源特色产业基地	2009		
国家火炬常州湖塘新型色织面料特色产业基地	2009		
国家火炬昆山新能源装备特色产业基地	2009		
国家火炬南通海安建材机械装备特色产业基地	2009		
国家火炬淮安金湖石油机械特色产业基地	2009		
国家火炬扬州光伏新能源特色产业基地	2009		
国家火炬南京雨花现代通信软件特色产业基地	2010		

特色产业基地名称	批准年份	所在地	数量（家）
国家火炬盐城建湖石油装备特色产业基地	2010	江苏	127
国家火炬扬州江都电力设备特色产业基地	2010		
国家火炬镇江高新区特种船舶及海洋工程装备特色产业基地	2010		
国家火炬无锡宜兴环保装备制造及服务特色产业基地	2011		
国家火炬江阴高新区物联网特色产业基地	2011		
国家火炬张家港锂电特色产业基地	2011		
国家火炬昆山高端装备制造产业基地	2011		
国家火炬苏州高新区医疗器械特色产业基地	2011		
国家火炬南通启东节能环保装备及基础件特色产业基地	2011		
国家火炬盐城经开区汽车零部件及装备特色产业基地	2011		
国家火炬盐城阜宁风光能源特色产业基地	2011		
国家火炬扬州江都建材机械装备特色产业基地	2011		
国家火炬泰州海陵光伏与储能新能源特色产业基地	2011		
国家火炬泰州靖江新技术船舶特色产业基地	2011		
国家火炬南京建邺移动互联特色产业基地	2012		
国家火炬汾湖超高速节能电梯特色产业基地	2012		
国家火炬江苏昆山机器人特色产业基地	2012		
国家火炬苏州工业园区生物医药特色产业基地	2012		
国家火炬南通海安锻压装备特色产业基地	2012		
国家火炬南通如皋输变电装备特色产业基地	2012		
国家火炬响水盐化工特色产业基地	2012		
国家火炬盐城滨海高分子材料特色产业基地	2012		
国家火炬邗江硫资源利用装备特色产业基地	2012		
国家火炬高邮特种电缆特色产业基地	2012		
国家火炬江宁生物医药特色产业基地	2013		
国家火炬徐州高新区安全技术与装备特色产业基地	2013		
国家火炬吴江（盛泽）新兴纺织纤维及面料特色产业基地	2013		
国家火炬常熟生物医药特色产业基地	2013		
国家火炬常熟汽车零部件特色产业基地	2013		
国家火炬张家港节能环保装备特色产业基地	2013		
国家火炬昆山（张浦）精密机械特色产业基地	2013		
国家火炬连云港装备制造特色产业基地	2013		
国家火炬淮安盐化工特色产业基地	2013		
国家火炬大丰金属材料处理装备特色产业基地	2013		
国家火炬盐城滨海新医药特色产业基地	2013		
国家火炬阜宁环保滤料特色产业基地	2013		

特色产业基地名称	批准年份	所在地	数量（家）
国家火炬东台特种金属材料及制品特色产业基地	2013	江苏	127
国家火炬镇江高性能材料特色产业基地	2013		
国家火炬宿迁薄膜材料特色产业基地	2013		
国家火炬江宁通信与网络特色产业基地	2014		
国家火炬江阴高新区特钢新材料及其制品特色产业基地	2014		
国家火炬张家港精密机械及零部件特色产业基地	2014		
国家火炬南通海安磁性材料及制品特色产业基地	2014		
国家火炬南通如皋化工新材料特色产业基地	2014		
国家火炬盐城滨海流体装备特色产业基地	2014		
国家火炬盐城盐都输变电装备特色产业基地	2014		
国家火炬南京新港光电及激光特色产业基地	2015		
国家火炬无锡惠山石墨烯新材料特色产业基地	2015		
国家火炬无锡新区生物医药及医疗器械特色产业基地	2015		
国家火炬太仓生物医药特色产业基地	2015		
国家火炬如东生命安防用品特色产业基地	2015		
国家火炬盱眙凹土特色产业基地	2015		
国家火炬大丰市汽车零部件特色产业基地	2015		
国家火炬江宁未来网络特色产业基地	2016		
国家火炬江宁节能环保技术与装备特色产业基地	2016		
国家火炬江阴高新区现代中药配方颗粒特色产业基地	2016		
国家火炬如东海上风电特色产业基地	2016		
国家火炬盐城盐都涂装设备特色产业基地	2016		
国家火炬盐城盐都齿轮制造特色产业基地	2016		
国家火炬大丰海上风电装备特色产业基地	2016		
国家火炬惠山智能制造物联装备特色产业基地	2017		
国家火炬邳州废旧铅酸蓄电池循环利用特色产业基地	2017		
国家火炬徐州邳州半导体电子材料和设备特色产业基地	2017		
国家火炬常州经开区智能微电机特色产业基地	2017		
国家火炬苏州昆山小核酸及生物医药特色产业基地	2017		
国家火炬南通如皋新能源汽车特色产业基地	2017		
国家火炬淮安现代教育体育高端装备特色产业基地	2017		
国家火炬淮安金湖仪器仪表特色产业基地	2017		
国家火炬扬州高邮智能健康装备特色产业基地	2017		
国家火炬扬州高邮智慧照明特色产业基地	2017		
国家火炬句容交通新材料特色产业基地	2017		
国家火炬南京溧水新能源汽车特色产业基地	2017		

特色产业基地名称	批准年份	所在地	数量（家）
国家火炬富阳光通信特色产业基地	2002		
国家火炬乐清智能电器特色产业基地	2002		
国家火炬新昌化学药和中成药特色产业基地	2002		
国家火炬诸暨环保装备特色产业基地	2002		
国家火炬海宁软磁材料特色产业基地	2003		
国家火炬绍兴纺织特色产业基地	2003		
国家火炬黄岩塑料模具特色产业基地	2003		
国家火炬萧山高性能机电基础件特色产业基地	2004		
国家火炬嘉兴电子信息特色产业基地	2004		
国家火炬平湖光机电特色产业基地	2004		
国家火炬桐乡新型纤维特色产业基地	2004		
国家火炬上虞精细化工特色产业基地	2004		
国家火炬兰溪天然药物特色产业基地	2004		
国家火炬临安电线电缆特色产业基地	2005		
国家火炬永嘉系统流程泵阀特色产业基地	2005		
国家火炬嘉善新型电子元器件特色产业基地	2005		
国家火炬海宁经编新材料及装备特色产业基地	2005		
国家火炬长兴无机非金属新材料特色产业基地	2005	浙江	43
国家火炬东阳磁性材料特色产业基地	2005		
国家火炬湖州南浔特种电磁线特色产业基地	2008		
国家火炬湖州德清生物与医药特色产业基地	2008		
国家火炬衢州高新区氟硅新材料特色产业基地	2008		
国家火炬台州椒江智能缝制设备特色产业基地	2008		
国家火炬嘉兴南湖汽车零部件特色产业基地	2009		
国家火炬绍兴柯桥纺织装备特色产业基地	2009		
国家火炬衢州经开区空气动力机械特色产业基地	2009		
国家火炬湖州安吉竹精深加工特色产业基地	2010		
国家火炬台州仙居甾体药物特色产业基地	2010		
国家火炬温州龙湾阀门特色产业基地	2011		
国家火炬嘉兴秀洲光伏新能源特色产业基地	2011		
国家火炬湖州吴兴特种金属管道特色产业基地	2011		
国家火炬南浔智能电梯特色产业基地	2013		
国家火炬德清绿色复合新型建材特色产业基地	2013		
国家火炬兰溪差别化纤维及纺织特色产业基地	2013		
国家火炬绍兴高新区健康装备和医用新材料特色产业基地	2014		
国家火炬瑞安汽车关键零部件特色产业基地	2015		

特色产业基地名称	批准年份	所在地	数量（家）
国家火炬湖州吴兴区现代物流装备特色产业基地	2015	浙江	43
国家火炬丽水智能装备与机器人特色产业基地	2015		
国家火炬龙泉汽车空调零部件特色产业基地	2015		
国家火炬平阳印刷包装装备特色产业基地	2016		
国家火炬南湖压缩机精密制造特色产业基地	2016		
国家火炬衢江特种纸特色产业基地	2016		
国家火炬湖州安吉高端功能座具特色产业基地	2017		
国家火炬宁波电子信息特色产业基地	2002	宁波	6
国家火炬北仑注塑机特色产业基地	2005		
国家火炬宁波鄞州新型金属材料特色产业基地	2006		
国家火炬宁波江北先进通用设备制造特色产业基地	2009		
国家火炬宁波鄞州汽车零部件特色产业基地	2009		
国家火炬宁波慈溪智能家电特色产业基地	2009		
国家火炬泉州微波通信特色产业基地	2004	福建	7
国家火炬莆田液晶显示特色产业基地	2005		
国家火炬德化陶瓷特色产业基地	2005		
国家火炬泉州经开区无线通信特色产业基地	2008		
国家火炬南平建瓯笋竹科技特色产业基地	2010		
国家火炬福安中小电机特色产业基地	2012		
国家火炬福鼎化油器特色产业基地	2013		
国家火炬厦门视听通讯特色产业基地	2005	厦门	4
国家火炬厦门钨材料特色产业基地	2005		
国家火炬厦门高新区电力电器特色产业基地	2008		
国家火炬厦门海沧区生物与新医药特色产业基地	2011		
国家火炬济宁生物制药与中成药特色产业基地	2002	山东	64
国家火炬济南先进机电与装备制造特色产业基地	2003		
国家火炬禹城功能糖特色产业基地	2003		
国家火炬济南生物工程与新医药特色产业基地	2004		
国家火炬济宁工程机械特色产业基地	2004		
国家火炬鲁北海洋科技特色产业基地	2004		
国家火炬济南山大路电子信息特色产业基地	2005		
国家火炬淄博生物医药特色产业基地	2005		
国家火炬招远电子基础材料特色产业基地	2006		
国家火炬济宁纺织新材料特色产业基地	2006		
国家火炬泰安非金属新材料特色产业基地	2006		
国家火炬泰安输变电器材特色产业基地	2006		

特色产业基地名称	批准年份	所在地	数量（家）
国家火炬济南章丘有机高分子材料特色产业基地	2007	山东	64
国家火炬淄博博山泵类特色产业基地	2007		
国家火炬淄博高新区先进陶瓷特色产业基地	2007		
国家火炬烟台福山汽车零部件特色产业基地	2007		
国家火炬临沂临沭复合肥特色产业基地	2007		
国家火炬济南历城太阳能特色产业基地	2009		
国家火炬济南明水重型汽车先进制造特色产业基地	2009		
国家火炬淄博高新区功能玻璃特色产业基地	2009		
国家火炬东营石油装备特色产业基地	2009		
国家火炬东营广饶盐化工特色产业基地	2009		
国家火炬潍坊高新区动力机械特色产业基地	2009		
国家火炬威海高新区办公自动化设备特色产业基地	2009		
国家火炬临沂沂水功能性生物糖特色产业基地	2009		
国家火炬德州经开区新能源汽车特色产业基地	2009		
国家火炬潍坊高新区电声器件特色产业基地	2010		
国家火炬济宁高新区光电信息特色产业基地	2010		
国家火炬济南明水先进机械制造特色产业基地	2011		
国家火炬烟台高新区海洋生物与医药特色产业基地	2011		
国家火炬潍坊临朐磁电装备特色产业基地	2011		
国家火炬潍坊寿光卤水综合利用特色产业基地	2011		
国家火炬潍坊高新区光电特色产业基地	2011		
国家火炬济南新型功能材料特色产业基地	2012		
国家火炬诸城汽车及零部件特色产业基地	2012		
国家火炬潍坊生物制药与中成药特色产业基地	2012		
国家火炬莱芜粉末冶金特色产业基地	2012		
国家火炬济南平阴清洁能源特色产业基地	2014		
国家火炬济南济阳升降作业装备特色产业基地	2014		
国家火炬济南商河环保节能材料与装备特色产业基地	2014		
国家火炬济南章丘炊事装备特色产业基地	2014		
国家火炬枣庄滕州中小数控机床特色产业基地	2014		
国家火炬东营经开区铜冶炼与铜材深加工特色产业基地	2014		
国家火炬潍坊滨海海洋化工特色产业基地	2014		
国家火炬潍坊寿光新型防水材料特色产业基地	2014		
国家火炬临沂沂南电动车及零部件特色产业基地	2014		
国家火炬菏泽单县玻纤特色产业基地	2014		
国家火炬菏泽高新区生物医药特色产业基地	2014		

特色产业基地名称	批准年份	所在地	数量（家）
国家火炬昌乐智能工矿专用成套设备及控制系统特色产业基地	2015	山东	64
国家火炬邹城智能矿用装备特色产业基地	2015		
国家火炬菏泽单县医用可吸收缝合线特色产业基地	2015		
国家火炬济南临港智能机械装备特色产业基地	2016		
国家火炬济南平阴金属管路连接件特色产业基地	2016		
国家火炬枣庄滕州玻璃精深加工特色产业基地	2016		
国家火炬烟台经济技术开发区生物与新医药特色产业基地	2016		
国家火炬梁山专用汽车特色产业基地	2016		
国家火炬威海环翠区交通及配套装备特色产业基地	2016		
国家火炬费县木基复合材料特色产业基地	2016		
国家火炬临沂高新区电子元器件特色产业基地	2016		
国家火炬济南长清工业烟气治理装备特色产业基地	2017		
国家火炬淄博高新区聚氨酯特色产业基地	2017		
国家火炬滨州邹平玉米精深加工特色产业基地	2017		
国家火炬济宁邹城精细化工特色产业基地	2018		
国家火炬威海南海新区海洋油气装备特色产业基地	2018		
国家火炬青岛有机高分子新材料特色产业基地	2003	青岛	5
国家火炬青岛海洋生物医药特色产业基地	2014		
国家火炬青岛橡胶行业专业化科技服务特色产业基地	2015		
国家火炬青岛石墨烯及先进碳材料特色产业基地	2015		
国家火炬黄岛船舶与海工装备特色产业基地	2015		
国家火炬湛江海洋特色产业基地	2002	广东	25
国家火炬佛山自动化机械及设备特色产业基地	2003		
国家火炬顺德家用电器特色产业基地	2004		
国家火炬佛山电子新材料特色产业基地	2004		
国家火炬江门纺织化纤特色产业基地	2004		
国家火炬鹤山金属材料特色产业基地	2004		
国家火炬中山（临海）船舶制造与海洋工程特色产业基地	2004		
国家火炬广州花都汽车及零部件特色产业基地	2005		
国家火炬汕头金平轻工机械装备制造特色产业基地	2005		
国家火炬汕头澄海智能玩具创意设计与制造特色产业基地	2006		
国家火炬惠州智能视听特色产业基地	2006		
国家火炬中山小榄金属制品特色产业基地	2006		
国家火炬汕头龙湖输配电设备特色产业基地	2007		
国家火炬东莞虎门服装设计与制造特色产业基地	2007		
国家火炬东莞长安模具特色产业基地	2007		

特色产业基地名称	批准年份	所在地	数量（家）
国家火炬中山古镇照明器材设计与制造特色产业基地	2007	广东	25
国家火炬广州高新区新型高分子材料特色产业基地	2008		
国家火炬茂名高新区石化特色产业基地	2008		
国家火炬阳江新型功能刀剪材料设计与制造特色产业基地	2008		
国家火炬中山日用电器特色产业基地	2009		
国家火炬中山阜沙精细化工特色产业基地	2009		
国家火炬中山南区电梯特色产业基地	2010		
国家火炬江门高新区半导体照明特色产业基地	2011		
国家火炬惠州 LED 特色产业基地	2012		
国家火炬清远高性能结构材料特色产业基地	2015		

附表 2 特色产业基地一览表（2）——中部地区　　共计 64 家

特色产业基地名称	批准年份	所在地	数量（家）
国家火炬山西转型综合改革示范区煤机装备特色产业基地	2010	山西	8
国家火炬迎泽高端包装装备及材料特色产业基地	2012		
国家火炬太原钕铁硼材料特色产业基地	2012		
国家火炬大同医药材料特色产业基地	2012		
国家火炬永济电机特色产业基地	2012		
国家火炬临猗运输配套装备特色产业基地	2013		
国家火炬原平煤机配套装备特色产业基地	2013		
国家火炬山西转型综合改革示范区网络信息安全特色产业基地	2014		
国家火炬铜陵电子材料特色产业基地	1999	安徽	18
国家火炬无为特种电缆特色产业基地	2006		
国家火炬芜湖高新区节能与新能源汽车特色产业基地	2009		
国家火炬安庆经开区汽车零部件特色产业基地	2009		
国家火炬滁州家电设计与制造特色产业基地	2009		
国家火炬亳州中药特色产业基地	2009		
国家火炬合肥高新区公共安全信息技术特色产业基地	2011		
国家火炬蚌埠精细化工特色产业基地	2011		
国家火炬博望高端数控机床及刀模具特色产业基地	2012		
国家火炬黄山软包装新材料特色产业基地	2012		
国家火炬宁国橡塑密封件特色产业基地	2012		
国家火炬杜集高端矿山装备特色产业基地	2015		
国家火炬太和医药高端制剂特色产业基地	2015		

特色产业基地名称	批准年份	所在地	数量（家）
国家火炬滁州天长仪器仪表特色产业基地	2017	安徽	18
国家火炬界首高分子材料循环利用特色产业基地	2017		
国家火炬池州高端数控机床特色产业基地	2017		
国家火炬淮北濉溪铝基复合材料特色产业基地	2018		
国家火炬阜阳界首高新区粮食机械特色产业基地	2018		
国家火炬九江星火有机硅材料特色产业基地	2004	江西	4
国家火炬景德镇陶瓷新材料及制品特色产业基地	2008		
国家火炬赣州钨与稀土新材料特色产业基地	2009		
国家火炬萍乡粉末冶金先进制造特色产业基地	2014		
国家火炬濮阳生物化工特色产业基地	1997	河南	13
国家火炬郑州超硬材料特色产业基地	2002		
国家火炬长垣起重机械特色产业基地	2007		
国家火炬济源高新区矿用机电特色产业基地	2007		
国家火炬焦作汽车零部件特色产业基地	2009		
国家火炬开封空分设备特色产业基地	2010		
国家火炬新乡生物与新医药特色产业基地	2010		
国家火炬南阳防爆装备制造特色产业基地	2013		
国家火炬民权制冷设备特色产业基地	2013		
国家火炬临颍农产品精深加工特色产业基地	2016		
国家火炬南阳西峡冶金功能材料特色产业基地	2017		
国家火炬商丘睢县智能终端特色产业基地	2017		
国家火炬商丘宁陵新型复合肥特色产业基地	2018		
国家火炬葛店生物技术与新医药特色产业基地	2001	湖北	13
国家火炬武汉高分子及复合材料特色产业基地	2002		
国家火炬谷城节能与环保特色产业基地	2002		
国家火炬十堰汽车关键零部件特色产业基地	2003		
国家火炬武汉汽车电子特色产业基地	2004		
国家火炬襄阳汽车动力与部件特色产业基地	2004		
国家火炬应城精细化工新材料特色产业基地	2004		
国家火炬武汉青山环保特色产业基地	2005		
国家火炬襄阳节能电机与控制设备特色产业基地	2006		
国家火炬武汉江夏装备制造特色产业基地	2009		
国家火炬孝感安陆粮食机械特色产业基地	2009		
国家火炬武汉阳逻钢结构特色产业基地	2011		
国家火炬荆门高新区再生资源利用与环保特色产业基地	2018		

特色产业基地名称	批准年份	所在地	数量（家）
国家火炬浏阳生物医药特色产业基地	2002	湖南	8
国家火炬益阳机械与装备制造特色产业基地	2004		
国家火炬湘潭新能源装备特色产业基地	2005		
国家火炬衡阳输变电装备特色产业基地	2005		
国家火炬株洲荷塘硬质合金特色产业基地	2007		
国家火炬株洲芦淞中小航空发动机特色产业基地	2008		
国家火炬岳阳精细化工（石油）特色产业基地	2012		
国家火炬津市生物酶制剂及应用特色产业基地	2016		

附表3　特色产业基地一览表（3）——西部地区　　　　共计33家

特色产业基地名称	批准年份	所在地	数量（家）
国家火炬呼和浩特托克托生物发酵特色产业基地	2002	内蒙古	3
国家火炬鄂尔多斯汽车及关键零部件特色产业基地	2016		
国家火炬和林格尔新区大数据特色产业基地	2017		
国家火炬玉林内燃机特色产业基地	2016	广西	1
国家火炬重庆九龙轻合金特色产业基地	2008	重庆	2
国家火炬重庆渝北汽车摩托车制造及现代服务特色产业基地	2011		
国家火炬成都金牛电子信息特色产业基地	2002	四川	3
国家火炬泸州高新区先进工程机械及关键零部件特色产业基地	2015		
国家火炬泸州江阳中医药特色产业基地	2017		
国家火炬遵义航天军转民（装备制造）特色产业基地	2007	贵州	6
国家火炬黔东南州苗侗医药特色产业基地	2015		
国家火炬铜仁锰产业特色产业基地	2016		
国家火炬安顺航空智能制造特色产业基地	2017		
国家火炬黔西南州民族医药特色产业基地	2017		
国家火炬黔东南州苗侗民族工艺品特色产业基地	2017		
国家火炬昆明红外微光特色产业基地	2016	云南	5
国家火炬昆明稀贵金属新材料特色产业基地	2016		
国家火炬玉溪高新区生物医药特色产业基地	2016		
国家火炬保山硅材料特色产业基地	2016		
国家火炬文山三七特色产业基地	2016		
国家火炬西安高新区生物医药特色产业基地	2007	陕西	6
国家火炬宝鸡高新区钛特色产业基地	2008		
国家火炬宝鸡高新区石油钻采装备制造特色产业基地	2009		

特色产业基地名称	批准年份	所在地	数量（家）
国家火炬宝鸡蔡家坡重型汽车及零部件特色产业基地	2009	陕西	6
国家火炬西安阎良航空特色产业基地	2010		
国家火炬咸阳高新区高端橡胶特色产业基地	2014		
国家火炬白银有色金属新材料及制品特色产业基地	2008	甘肃	2
国家火炬天祝高性能碳基材料特色产业基地	2016		
国家火炬银川灵武羊绒特色产业基地	2008	宁夏	2
国家火炬石嘴山高新区稀有金属材料及制品特色产业基地	2008		
国家火炬乌鲁木齐米东石油化工和煤化工特色产业基地	2009	新疆	2
国家火炬克拉玛依高新区石油石化特色产业基地	2009		
国家火炬石河子高新区葡萄精深加工特色产业基地	2017	新疆生产建设兵团	1

附表4　特色产业基地一览表（4）——东北地区　　　共计30家

特色产业基地名称	批准年份	所在地	数量（家）
国家火炬本溪中药科技特色产业基地	2006	辽宁	11
国家火炬锦州硅材料及太阳能电池特色产业基地	2007		
国家火炬鞍山高新区柔性输配电及冶金自动化装备特色产业基地	2008		
国家火炬盘锦石油装备制造特色产业基地	2009		
国家火炬朝阳高新区新能源电器特色产业基地	2010		
国家火炬阜新高新区液压装备特色产业基地	2011		
国家火炬铁岭石油装备特色产业基地	2012		
国家火炬鞍山激光科技特色产业基地	2013		
国家火炬锦州汽车零部件特色产业基地	2013		
国家火炬营口汽车保修检测设备特色产业基地	2013		
国家火炬鞍山海城精细有机新材料特色产业基地	2014		
国家火炬大连双 D 港生物医药特色产业基地	2005	大连	4
国家火炬大连金普新区数控机床特色产业基地	2014		
国家火炬大连金普新区核电装备特色产业基地	2014		
国家火炬大连甘井子区智能化成形和加工成套设备特色产业基地	2016		
国家火炬通化生物医药特色产业基地	2001	吉林	5
国家火炬吉林电力电子特色产业基地	2005		
国家火炬通化中药特色产业基地	2005		
国家火炬敦化中药特色产业基地	2005		
国家火炬梅河口现代中医药特色产业基地	2013		
国家火炬牡丹江硬质材料特色产业基地	2002	黑龙江	10
国家火炬哈尔滨抗生素特色产业基地	2004		

特色产业基地名称	批准年份	所在地	数量（家）
国家火炬哈尔滨香坊发电设备特色产业基地	2007	黑龙江	10
国家火炬大庆高新区石油化工特色产业基地	2007		
国家火炬大庆高新区新型复合材料及制品产业基地	2007		
国家火炬哈尔滨平房汽车制造特色产业基地	2009		
国家火炬哈尔滨平房新媒体特色产业基地	2009		
国家火炬齐齐哈尔重型机械装备特色产业基地	2009		
国家火炬大庆高新区石油石化装备制造特色产业基地	2009		
国家火炬七台河石墨及石墨烯特色产业基地	2018		

二、总结与经验分享

（一）总结篇

火炬基地助推我国高新技术产业发展高质量
推动区域经济再攀高峰
——火炬中心建立30年

　　筚路蓝缕启山林，栉风沐雨砥砺行。2019年是火炬中心成立30周年，在中心领导正确指导带领下，火炬产业基地建设也经历了24个春秋。截至2018年，火炬特色产业基地发展到440家，火炬软件产业基地44家，遍及33个省市（含省、自治区、直辖市、计划单列市），其产业覆盖了软件、节能环保、新一代信息技术、生物、高端装备制造、新能源、新材料和新能源汽车等国家战略性新兴产业的各个领域。火炬产业基地通过政府组织引导、汇聚各方优势资源、营造良好创新创业环境，形成了具有区域特色和产业特色、对当地经济与社会发展具有显著支撑和带动作用的产业集聚。火炬产业基地建设以科技创新为引领，以高质量和高效益发展为中心，调动社会各界力量，集成优势资源，培育区域优势产业，动力更强劲、增长更持续，是推动区域经济创新发展的有效途径。

1. 火炬产业基地的总体发展情况

火炬产业基地建设，是为贯彻落实 1995 年原国家科委《关于进一步实施火炬计划加速高新技术产业化的若干意见》精神而启动的一项重要工作。20 世纪 90 年代中期以来，火炬计划抓住我国区域尤其是县域块状经济迅速发展的契机，率先关注、主动介入，联合地方政府及有关部门，以重大项目为依托，以基地建设为平台，有选择地在一些产业集聚区内培育和提升技术创新能力，引领产业集聚尽快向集群和创新型集群转化，推动区域和产业创新活动，加速区域经济社会发展。

1995 年，原国家科委火炬计划办公室核定了我国第一家特色产业基地——国家火炬计划海门新材料产业基地（现已更名为国家火炬海门化工材料和生物医药特色产业基地），赋予了海门起步探索特色产业基地发展的历史重任。同年，第一家软件产业基地——东大软件园也正式诞生，开启了我国软件产业集聚发展的进程。

2006 年后，随着《国家中长期科学和技术发展规划纲要（2006—2020）》及纲要配套政策等先后发布和实施，全国科技大会胜利召开，党的十八大进一步将提高自主创新能力、建设创新型国家作为国家发展战略的核心，为高新技术产业实现跨越式发展增添了新的强劲动力。我国科技创新环境明显优化，火炬产业基地发展势头也更加迅猛，发展思路更加明晰。

2015 年，火炬中心根据发展需要修订颁布了新的《火炬特色产业基地建设管理办法》，由以往的项目带动向环境建设转变来推动火炬基地的建设。2016 年《国务院关于印发"十三五"促进民族地区和人口较少民族发展规划的通知》、2017 年《国务院办公厅关于县域创新驱动发展的若干意见》和科技部《关于推进县域创新驱动发展的若干意见》等相关文件都明确指出要把火炬基地的建设作为重要的产业发展支撑手段。经过 24 年的发展，火炬产业基地已经成为与国家高新区互为补充的，重点在县域层面，从产业成长需求出发大幅度推进高新技术产业化发展，以及运用科技创新成果推动传统产业升级改造的一项重要实践。

2. 火炬产业基地建设的重要意义

经过 24 年的建设和发展，火炬产业基地从总体上已基本形成了具有区域特色优势的高新技术产业的集聚区，正逐步向创新型产业集群转变，已成为促进高新技术产业发展的重要力量和推动区域经济增长的重要引擎。火炬产业基地充分集成科技项目和地方政府资源，统筹规划，集中实施，形成创新资源有效配置、高新技术企业高度集聚、主导产业集约发展的格局，基地建设取得了长足进步，对于推动火炬工作在新时期的新拓展，促进区域经济的持续快速创新发展发挥了重要的作用。

（1）区域特色优势产业集聚的重要载体。

火炬产业基地建设的资源聚集效应凸显，已成为地方科技与经济结合、科技与产业协同创新的一大亮点。围绕产业链部署创新链、围绕创新链完善资金链是推动科技和经济社会发展深度融合的一项重大举措。从24年的实践来看，火炬产业基地建设围绕着地方特色产业集群发展，在聚集企业、人才、项目、资金等各类创新资源方面的功能优势突出，有力地带动地方经济持续、快速、健康发展。

（2）科技企业茁壮成长的沃土。

火炬产业基地通过政府引导、多元化社会投入的方式，在基地内建立了一批创业服务机构、创新研发机构、公共技术服务平台，积极营造良好的创新创业环境，把培育科技型企业和不断强化其持续创新能力作为主要任务，大力促进创新创业，大幅提升了基地内企业的自主创新能力。在大众创业、万众创新的新形势下，一些基地通过集聚和对接本地优势创业资源，使企业培育环节不断前移，增强了基地发展的后劲。火炬产业基地努力打造由骨干企业、科技上市企业、高新技术企业和中小型关联企业组成的产业梯队，不仅成为引领地方经济发展的主要力量，而且成为带动行业技术进步的生力军。科技企业阵营的不断发展壮大和优势主导产业链的不断完善，为推动火炬产业基地的蓬勃发展和区域经济的不断提升做出了重要的贡献。

（3）区域创新体系建设的有效环节。

火炬产业基地始终以发展高新技术产业为重点，将基地建设与地方优势特色产业、战略性新兴产业、软件产业发展紧密结合，努力构建以市场为导向、企业为主体、科技研发服务机构为辅助、产学研相结合的创新发展模式。建立行之有效的创新体系，不但能推进基地甚至基地所在区域产业结构的优化升级，还能帮助基地内企业不断提升自身发展的活力，提高在行业中的综合竞争力。

（4）推动区域经济发展的重要力量。

火炬产业基地以其明确的产业方向、鲜明的地方特色、完整的产业链条、高效的平台服务、优化的资源配置，有力地促进了我国区域特色产业的快速发展，成为地方区域经济发展的重要支柱和新增长极。火炬产业基地兼顾区域协调发展，围绕提质增效，加快推进区域产业结构优化升级，推动区域经济有机循环发展，带动区域内相关产业和行业协作共进。

（5）地方科技工作的重要抓手。

作为在地方尤其是在县域基层，将科技创新与经济发展紧密结合并发挥出巨大效力的工作，火炬产业基地已成为地方科技工作的重要抓手。

一是形成了科技部、省及当地政府合力联动的有效工作机制，履行特色产业基地建设发展、决策研究、统筹协调、合力推进的职责，引导和推动特色产业基地建设。二是会同地方政府相关部门，围绕当地特色产业基地建设制定发展规划。三是逐步构建了具有引导性、扶持性、激励性、针对性和可操作性，有利于创新创业的相关科技政策。四是坚持科技创新引领发展的理念，积极把衔接国家创新战略作为基地建设的重要工作，支持基地内企业申报共性关键技术、科技成果转化专项资金等科技项目，提升基地企业的创新水平和能力。五是围绕产业创新链，加强基地创新体系建设，通过搭建公共创新和服务平台、促进产学研合作、建立产业技术联盟等措施，推动传统产业转型升级，培育和发展高新技术产业和战略性新兴产业。火炬产业基地建设已成为国家与地方、政府与市场、科技与经济有机结合的核心载体，成为地方科技工作的重要抓手。

进入中国特色社会主义新时代，我国高新技术产业化工作仍任重而道远，全体火炬基地建设者将不忘初心、牢记使命，再出发！我们坚信在以习近平同志为核心的党中央的带领下，在部党组的指导下，在中心领导及全体同事的共同努力下，火炬产业基地会在未来的探索实践中做出更大的贡献。

（二）经验分享篇

聚力创新求突破　聚焦产业促发展
江苏省推动火炬特色产业基地建设迈上新台阶

近年来，江苏省把火炬特色产业基地（以下简称"火炬基地"）建设作为促进高新技术产业发展的重要抓手，以高质量发展为目标，着力创新体制机制，加快集聚创新资源，基地建设取得较好成效。截至 2018 年底，江苏省拥有火炬产业基地 134 家，实现了设区市全覆盖，整体数量位居全国第一。火炬基地已经成为江苏培育优势产业的重要载体，推动技术创新的重要阵地，促进区域经济高质量发展的重要增长极。

1. 统筹建设布局，引领产业发展

积极发挥火炬基地在高新技术产业发展中的载体作用，强化基地建设的统筹布局，突出产业特色，发挥基地优势，推动江苏省高新技术产业集群化、规模化发展。一是强化规划布局。结合地方资源禀赋，在南京、无锡、苏州等苏南地区建设 6 家国家软件园，集聚全省近 1/3 的软件产出，形成苏南软件产业带；在沿江重点建设 27 个新材料产业基地，占全省新材料产业基地的 80%，形成沿江新材料产业高地。二是加快产业集聚。把高新区作为基地建设的重点，围绕高新区"一区一战略产业"培育，广泛集聚创新资源，积极打造特色产业集群。全省超过 1/3 的特色产业基地建在省级以上高新区，江宁智能电网、苏州工业园纳米材料、泰州高新区生物医药等 12 个产业集群纳入国家创新型产业集群试点，并在国内形成先发优势。2018 年，江苏省有 22 家基地的主导产业在国内市场占有率超过 50%，集聚效应显著。三是引领产业转型。优先布局建设属于战略性新兴产业领域的基地，引领已建的火炬基地加速向高端化迈进，不断提升产业发展质态。扬中电力电器特色产业基地以智能化、高端化为导向，大力推进大全武汉研究院等产学研合作载体建设，推动工程电气向智能电气转型提升，初步形成了智能电气产业生态。全省智能制造、物联网、机器人、纳米材料等前瞻技术领域的基地有 92 家，占基地总数的 70%。

2. 坚持自主创新，增强发展后劲

聚焦制约产业转型升级的技术瓶颈，强化基地内企业与高校院所的产学研协同攻关，加快突破重大关键核心技术，不断增强基地的自主创新能力和产业发展后劲。一是开展重大技术攻关。"十三五"以来，江苏省科技厅共组织推荐火炬基地内企业承担国家重点研发计划项目 12 项，争取国拨经费超 1.7 亿元，安排省级重点研发计划（产业前瞻与关键核心技术）项目 500 余项，省拨经费 7 亿元，在碳纤维、光纤预制棒、智能电网等领域达到了国际先进水平，为引领江苏产业向中高端攀升奠定了坚实基础。二是推进研发机构建设。组织实施企业研发机构建设"百千万"行动计划，到 2018 年底，江苏省火炬基地内共建有国家工程（技术）研究中心 68 家，省级以上企业技术中心 601 家，省级以上企业重点实验室 72 家，大中型工业企业和规模以上高新技术企业研发机构建有率稳定在 90%左右。三是组建产业创新联盟。鼓励火炬基地内龙头骨干企业牵头，以高校、科研机构为依托，先后组建机器人与智能装备等产业技术创新战略联盟 55 个，加快健全以企业为主体的协同创新机制，进一步整合创新链上下游单位，加强产学研联合攻关，开展重大共性技术和标准研发，争夺产业发展话语权。

3. 强化企业培育，壮大创新主体

坚持企业创新主体地位，始终把培育创新型企业集群作为火炬基地建设的重要任务，大力推进企业创新梯队建设，一大批创新型企业不仅成为引领地方经济发展的主要力量，而且成为行业技术创新的标杆。一是加强创新型领军企业培育。全省共入库培育国电南瑞、扬子江药业等创新型领军企业 156 家，其中 90% 为基地内企业，通过支持培育企业开放配置全球创新资源，积极引领江苏省产业创新发展。目前，火炬基地企业中有 31 家列为国家创新型试点企业，其中 1 家进入世界 500 强，22 家进入中国 500 强，38 家进入中国民营企业 500 强。二是加强高新技术企业培育。深入实施高新技术企业"小升高"行动，启动江苏省高企培育库建设，设立省高企培育专项资金，近两年累计达 4 亿元，省地联动加快推动面广量大的科技型中小企业尽快成长为高新技术企业。2018 年，全省火炬特色产业基地内高新技术企业 4400 余家，占企业总数的 17.6%，高新技术企业成为火炬基地创新发展的主力军。三是加快培育科技型中小企业。出台《江苏省科技型中小企业评价实施细则（试行）》，加强对火炬基地所在科技部门的业务指导，加大火炬基地内科技型中小企业的培育力度，截至目前，全省通过评价的科技型中小企业超过 1.5 万家，为高新技术企业发展提供了源源不断的后备力量。

4. 引导资源集聚，优化创新生态

大力引导人才、资金等创新要素向火炬基地集聚，营造良好创新创业环境，科技创新支撑产业发展的作用日益凸显。一是加强人才工作专项部署。实施省"双创人才"计划和各级地方人才计划，重点支持火炬基地面向全球引进和培养高端人才。如苏州工业园区生物医药基地先后吸引 65 位国家级人才、91 位江苏省双创人才、6 个省双创团队及近500 位地方领军人才在火炬基地创业，成为火炬基地建设和发展的重要支撑。二是推动科技金融深度融合。发挥江苏省天使投资引导资金和"苏科贷"的作用，通过风险分担和损失补偿等方式，引导创投和银行金融机构支持科技型中小微企业，缓解科技中小微企业

融资压力。江苏省天使投资风险补偿资金累计引导天使投资机构为 380 余家初创期科技型小微企业股权投资近 14 亿元，"苏科贷"累计引导合作银行向科技中小微企业发放低息贷款 525 亿元，支持中小微企业 6000 多家，全省创投资金规模超 2300 亿元，成为国内创业投资最为活跃的地区之一。三是加强科技创业载体建设。围绕火炬基地主导产业先后布局建设南京江宁智能电网、苏州工业园区生物纳米等 379 家省级以上科技企业孵化器，453 家省级以上众创空间，备案建设江阴金属新材料等 19 家省级众创社区，为火炬基地内科技型中小微企业营造了良好的创新创业环境，加速了企业的创新发展步伐。

经过 20 多年的发展，江苏的火炬基地建设取得了较好成效，并成为各地发展区域特色产业和高新技术产业的主要抓手和重要载体。下一步，我们将继续以特色化、专业化和集群化为目标，紧跟世界科技革命和产业变革的新趋势，深入贯彻落实创新驱动发展战略，鼓励和支持各地积极探索，不断创新体制机制，进一步强化火炬基地的竞争优势，全面提升江苏省火炬基地建设水平。

编后语

2018 年特色产业基地建设取得了可喜的成绩，我们展望未来，继续推进特色产业基地的发展模式，贯彻创新、协调、绿色、开放、共享的发展理念，因地制宜地开展特色产业基地的建设工作，以科技创新和体制机制创新为驱动力，以培育发展具有较高技术含量、较强市场竞争力、特色鲜明、优势明显的产业为目的，将载体平台等硬件建设与创新文化等环境建设相结合，引领地方经济的发展。

2018 年是实施"十三五"规划承上启下的关键一年，国家进入产业转型和产业再布局的阶段，科技整体水平已从量的增长向质的提升转变，特色产业基地也迎来了更好的发展机遇。在新时期、新形势下，特色产业基地建设将认真贯彻党中央、国务院关于创新驱动，大众创业、万众创新和《中国制造2025》的战略部署，紧密围绕重大需求和工作重点，针对国家鼓励发展的战略性新兴产业及细分领域，通过科学规划和合理布局，在全国范围建成各具特色的产业基地，形成创新型产业集群，通过整体推进和分类指导，不断提升特色产业发展质量和水平，以创新推动产业结构向中高端水平发展，成为国家与地方、政府与市场、科技与经济有机结合的核心载体，成为创新驱动区域经济、优化产业结构、提升产业水平的重要抓手，通过特色产业基地建设，不断延伸产业链，做大做强主导产业，成为区域创新体系的重要组成部分。

在此感谢各地科技主管部门、基地所在地政府、各特色产业基地日常管理机构以及相关单位对报告工作的大力支持。感谢北京华陆汇融科技咨询有限公司刘蔚然同志对报告数据统计、编撰工作的大力支持与指导。

科学技术部火炬高技术产业开发中心

2019 年 11 月